いまこそ人生で大切なことは映画から学ぼう

小田原まちなか映画館の挑戦

蓑宮武夫
Takeo Minomiya

PHP

はじめに

私の息子が結婚し、やがて初めての子どもが生まれようとしていたとき、彼は母親、つまりは私の妻にこんなことをいったそうです。

「もうすぐ初めての子どもが生まれるのだけれど、自分が父親になるというイメージが湧かないんだ。当たり前だけど、父親になんてなったことがないし、どうすればいいのかがわからない。いったいどうすれば自分はよい父親になれるのだろうか」

妻は息子からこんな相談をされたと私にいったあと、次のような質問をしました。

「あなたが初めて父親になるときはどうだったの？　やっぱり息子と同じような不安をもっていたの？　どうやって自分の父親像を築いていったの？」

そう聞かれて、私は自問自答しました。自分はどのようにして父親像をつくりあげていったのか？　もちろん自分の父親や祖父、あるいは親戚の叔父たちを見て育ったわけですから、そうした身内から学んだことは間違いありません。やはり自分が育った環境のなかから父親像をつくりあげていったのだと思います。

しかし、自分がつくりあげていった父親像は、ただ身の回りの人間からの影響だけではありませんでした。自分が関わることのできる人間などほんの一握りです。たとえば、いくら自分の父親を尊敬していたとしても、父親の価値観を一〇〇％受け入れることなど不可能です。父親には父親の人格があるし、私にも私という人格がある。つまりは、自分にしかなれない「父親」というものがあるのです。

では、私はどのようにして自分なりの父親像を構築していったのだろう？　しばし逡巡《しゅんじゅん》を繰り返し、私は妻にこう答えました。

「もちろん自分の父親や祖父から学んだことはたくさんある。しかし、それ以上に私に知恵を与えてくれたのは、映画と本だと思う。いろいろな映画を観ることで、自分の周りにはけっしていないような父親を知ることができた。多くの本に触れることで、父親としての矜持《きょうじ》を自分なりにもつこともできた。私が自分自身の父親像を築けたのは、映画と本のおかげだと思う」

映画のなかにはさまざまな家庭や父親が登場します。すばらしい家族の関係が描かれている作品もあれば、どうしようもない父親が描かれている作品もあります。そんな多くの作品に触れながら、私は心のなかで思いを巡らせていました。

「こんな父親に自分もなりたいな」
「あんな父親にだけはなってはいけないな」

「自分も努力をすれば、あの作品に登場している父親のようになれるだろうか」

どうすればよき親になれるのだろうか。そこには明確な答えなどありません。ましてよき親になるためのノウハウなどもないのです。

書店を覗《のぞ》くと、いわゆる子育ての本がたくさん並んでいます。子どもが病気になったときの対処法。子どもに勉強をさせるための方法。子どもの身体によい食事のつくり方や、心身を鍛えるためのノウハウなど、じつに多様なテーマの本が並んでいます。

もちろんそれらの知識は大切なものですが、そこには「父親像」や「母親像」をつくりあげるための知恵はありません。子育てのノウハウも大事ですが、それ以上に大切なことは、自分がどのような親になるかということ。自分がなりたい父親像や母親像をしっかりともっているかということです。

親がしっかりとした子育てについての信念をもっていれば、子どもの心もぶれることはない。私はそう信じています。

映画と本は、私の心を育て、人生の処し方を教えてくれました。人生に彩《いろど》りを与え、ときには道標《みちしるべ》となってくれました。それが文化・芸術のすばらしさだと思います。

さまざまな文化・芸術のなかで、今回は映画にフォーカスして書くことにします。幼いころから映画が大好きでした。その映画への愛はいまも消えることがなく、ついには地元の小田原の街中《まちなか》に映画館をつくることにもなりました。私にとって映画とは人生の師匠であり、夢でもあるのです。

いまこそ
人生で大切なことは
映画から学ぼう

目次

第1章
小田原発・映画でまちおこし

第2章

私が選んだ不朽の名作

第3章 人生と仕事に役立つ映画

第4章

英国映画協会が選んだ史上最高の映画

第5章 まちなか映画館で地域が元気になった事例

第6章

【特別対談】田中美里さんとの映画談義

ブックデザイン——印牧真和
カバー写真——安藤　卓

第 1 章

小田原発・映画でまちおこし

ハリウッド映画はフロンティア精神の象徴

映画の魅力を書く前に、まずは映画の歴史に少し触れておきたいと思います。「映画の父」と称されるのが、発明家のリュミエール兄弟です。彼らが一八九五年十二月二十八日に、フランスのパリで行った上映会が映画上映の最初だといわれています。彼らが発明したのが「シネマトグラフ」と命名された装置です。それが後に映画のことを「シネマ」と呼ばれるようになったそうです。

いまからおよそ百三十年前、明治二十八年の出来事です。百三十年といえば長い時間のようにも感じるでしょうが、歴史のなかで見れば、それは至極近年の出来事ともいえるでしょう。なにせ百年ほど前までは、映画のスクリーンはまだモノクロームで、無声映画が主流でした。それがわずか百年ほどで、信じられないような映像や音響技術の進歩をみるに至ったのです。

さて、映画の誕生はフランスですが、世界の映画界を牽引《けんいん》してきたのはアメリカでした。ハリウッドを拠点にして、数多くの映画作品を生み出してきました。ハリウッド映画といえば、娯楽性の高さを思い浮かべますが、彼らが創ろうとしたのは単なる娯楽作品ではありませんでした。ハリウッド映画が目指したのは、アメリカ人が根本にもっている魂。つまりフロンティア精神です。一四九二年にアメリカ大陸に到達したコロンブスは、ヨーロッパ系アメリカ人にとっては歴史上の偉人であり、フロンティア精神の象徴なのです。たとえば、一九六九年に人類史上初めて月面着陸に成功したアポロ十一号の司令船も、スペースシャトルの最初の打ち上げに使われた機体も「コロンビア」という名ですが、これはコロンブスに由来しているといわれています。

見渡すかぎり大自然に囲まれたアメリカ大陸の大地。その大地を自分たちの手で開拓していくことのすばらしさ。そんな魂を彼らは映画作品のなかに投影してきました。

ハリウッド映画創成期の西部劇は、まさに開拓史そのものでした。当時大スターだったジョン・ウェインは、アメリカを代表する男として見る者の心を捉えました。フロンティア精神をしっかりともちながら、家族や部下たちを命がけで守り抜く。その男らしい姿は、アメリカ人ばかりでなく、日本人も魅了されたものです。

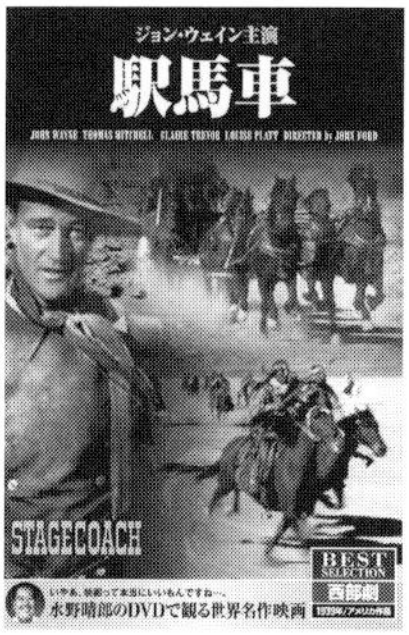

ジョン・ウェイン主演の『駅馬車』（ジョン・フォード監督、1939年）

しかし、当然ながら開拓時代は終焉《しゅうえん》を迎えます。開拓され尽くした大陸において、アメリカ人の魂であるフロンティアスピリットは失われてしまったのか。否、その精神は次なるターゲットに向けられていました。それが宇宙でした。

アポロ十一号が月面着陸を果たす前年の一九六八年に公開された『２００１年宇宙の旅』というＳＦ映画は、私に強烈なインパクトを与えました。まだ謎に包まれていた宇宙の世界とはどんな場所なのだろう。どんな空間が広がっているのだろう。未知の世界に対する好奇心と恐怖感が入り交じったような思いで観た記憶があります。

映画の技術としてはまだまだ未熟なものでしたし、宇宙というイメージもはっきりとはしていなかった。そんな漠然とした世界を描いた作品ですが、この作品を強烈に人々に印象づけたのは、劇中に使われている音楽にありました。

作品内では、登場人物たちのセリフは極端に少なくなっています。その生身の台詞に代わるものとして、多くのクラシック音楽が使われたのです。なかでも、オープニングメインタイトルやラストのシーンで流れるリヒャルト・シュトラウスの『ツァラトゥストラはかく語りき』や、宇宙航行中のＢＧＭにヨハン・シュトラウス二世の『美しき青きドナウ』が流れますが、これほどまでに美しさと恐ろしさを感じた経験はありませんでした。

『2001年宇宙の旅』（スタンリー・キューブリック製作・監督、1968年）

演奏はウィーン・フィルハーモニー。指揮をとったのは、世界的な指揮者であるヘルベルト・フォン・カラヤンです。この作品の出現により、映画全編を通して流れるクラシック音楽のすばらしさが認知され、その地位が確立されたと思います。『2001年宇宙の旅』が上映された翌一九六九年七月、アメリカはアポロ十一号による月面着陸を成功させました。映画というのは架空の世界です。それは夢の世界ともいえるでしょう。しかしハリウッドは、けっして夢だけを生み出していたのではありません。現実の世界と夢の世界を常にリンクさせることを意識している。アメリカにとっての映画とは、一つの娯楽であるとともに、近未来の社会を透視する芸術であるのかもしれません。

西部開拓から宇宙へ、アメリカのフロンティア精神が向かうなか、二〇一五年に公開された**『オデッセイ』**という作品にも驚かされました。火星探査中のクルーが、任務中に砂嵐に巻き込まれて、植物学者のマーク・ワトニー（マット・デイモン）が一人だけ火星に置き去りにされます。次のミッションのクルーが到着する四年後まで、生き延びることができるのか？　植物学者ならではの彼が考えたのがジャガイモ栽培でした。まさにフロンティア精神と科学の力を融合した作品でした。

『オデッセイ』（リドリー・スコット監督、2015年）

そしていまや火星への移住が現実味を帯びてきました。イーロン・マスクというベンチャー精神の塊のような男が、二〇三〇年代に火星に移住すると宣言し、本気で巨大な宇宙船とロケットの開発を進めているからです。うれしいことに、一九九五年生まれの米田あゆさんが今年ＪＡＸＡの新たな宇宙飛行士候補者に選ばれ、報道陣の取材に「究極的な目標は月、さらにその先にある火星を目指せれば」と抱負を語りました。ちなみに米田さんは東京大学医学部を卒業後、東京大学医学部附属病院を経て、日本赤十字社医療センターで医師として働いていた、見目麗《みめうるわ》しい才女です。

映画は映画館で観ることを前提としてつくられている

さて、映画の歴史はこれくらいにして、ここからは映画の魅力について書いてみたいと思います。

「蓑宮さんにとって、映画の魅力とは何ですか？」

小田原まちなか映画館を立ち上げた張本人として、こんな質問を受ける機会が増えました。そんな質問に答えるため、私なりに映画の魅力を六つに絞りました。それは次の通りです。

一、たくさんの感情の起伏を経験することによって感性がアップする。そのことで人生をより彩り豊かにすることができる。

二、映画は人生の教科書。他人の人生を疑似《ぎじ》体験できる。その疑似体験がときに人生の羅針盤《らしんばん》となってくれる。

三、異文化に触れることができる。
四、豊富な知識を身につけるきっかけとなる。
五、人間としての魅力を磨くことができる。
六、ストレス発散になる。デートの口実にもなる。

簡潔に映画の魅力を私なりにまとめてみると、このようになります。さて、それぞれの魅力について書く前に、大前提となることがあります。この前提なくして映画の魅力は語ることはできません。その大前提とは、「映画とは映画館で観ることを前提としてつくられている芸術である」ということです。

もちろんいまでは映画館まで足を運ばなくても、家に居ながらテレビでの放映、ＤＶＤ、ビデオ、ユーチューブなどで観ることもできます。電車に乗りながら、スマートフォンで観ることもできる。しかし、映画本来のよさを味わうためには、やはり映画館で観ることがいちばんだと私は思っています。

考えてみてください。映画館に入ると、映画が上映されている二時間あまり、そこから外に出ることはできません。スマホの電源も切らなくてはいけません。いまの時代、二時間もスマホに触ることができないという状況はなかなかないでしょう。

二時間という時間、映画に集中するわけですから、いってみればそこは現実離れした世界となります。いっさいの邪魔が入りませんから、とにかくスクリーンだけに集中することができる。つまり、一つの映画作品と深く関わることができるのです。台詞の一言一言が心のなかに染み込んできます。この感覚は家のなかでテレビ画面を観ることではけっして味わえません。

映画作品のなかには、何とも冗長《じょうちょう》的な展開と思われるものもあります。一言でいってしまうと、「退屈な時間」というものが存在します。場面転換がゆっくりしていたり、ストーリーがなかなか先に進まなかったりと、二時間のなかにはそうした展開もあったりする。しかし、その「退屈」の場面すら、製作者は計算ずくでつくっているのです。退屈だと思われる場面のなかに、ラストシーンにつながる重要な要素が隠されていたりする。つまり映画とは、初めからエンディングまで、館内でじっくりと観賞することを前提につくられています。製作する側も観る側も、この前提を共有することで成り立っているのです。

さらに付け加えれば、同じ時間を同じ空間で過ごすということの面白さが映画にはあります。面白い場面では観客はみんな笑います。悲しい場面になると、つい涙が浮かんでハンカチを握りしめます。独りで観ているとそうでもないけれど、あちこちからすすり泣くような声が聞こえてくると、こちらの感情も自然と揺さぶられます。

人間にとって大切な感情。なくては生きていけない大事な感情。それは「共感」です。自分の気持ちと相手の気持ちが同じように揺さぶられる。周りの人たちと同じ感情をもった瞬間、私たちの心は自然と喜びに満ち溢《あふ》れてくる。喜怒哀楽《きどあいらく》という感情を共有することは、人間にとってとても大切なことなのです。そして映画は、まさにその「共感」を引き出してくれる芸術なのです。

映画は映画館で観ることを前提としてつくられている。まずはこのことをしっかりと心に留めたうえで、私なりの映画の魅力を書いていきたいと思います。

映画の数だけ疑似体験できる幸せ

一、感情の起伏を経験することで、人生に彩りを添えてくれる

これこそ、まさに先に書いた通りの魅力です。私が小学生のころ、一年に一度、体育館で映画の上映会がありました。全校生徒がオンボロの体育館に集まり、みんなで映画鑑賞をするのです。

シーンとした体育館が、ときに笑い声に包まれたり、すすり泣く声が広がったりする。友だちが泣いている姿を見た途端に、自分まで悲しくなってくる。一年生も六年生も、男の子も女の子も、そして先生たちも一緒になって感情をスクリーンに向かってぶつけます。自分はみんなと一緒に生きているんだ。大げさではなく、そんなふうにさえ感じたものです。あのときの

「共感」する喜びが、大人になってからも支えになっているような気がするのです。

私たちは独りではない。たとえ別々の世界で生きていても、人が感じる喜びや悲しみは、ほとんどの場合は同じだが、多様な感じ方をする人もいるんだ。映画はそんなことを教えてくれました。そして他者と喜怒哀楽を共有することで、人生は彩り豊かなものになっていくのだと思います。

二、わずか二時間でいろいろな人間の人生を疑似体験することができる

人生はたった一度しかありません。人はそれぞれに、その人だけの人生を送るわけです。言い方を変えれば、一人の人間が何人分もの人生を生きることなどできないのです。

そんなことは百も承知ですが、私たちはついこんなことを考えたりします。

「もし、もう一度生まれ変わったとしたら、どんな人生を生きたいか」

「もしも生まれ変われるとしたら、誰のようになりたいか」

叶《かな》わないことだと知りつつ、人間はそんなことを想像するものです。

昭和を代表する時代小説家の池波正太郎さんは、食通としても有名でしたが、大の映画通としても知られていました。その池波さんが、次のような言葉を残しています。

「人は自分が知らない人生を見てみたい。もっと多くのさまざまな人生を覗いてみたい。そん

な本能的ともいえる欲求をもっているのです」

いろいろな人間の人生を知りたい。自分だけの人生ではなく、他人の人生をも経験してみたい。そんな欲求を叶えてくれるのが映画なのです。映画のなかには、じつにさまざまな人間の人生が描き出されています。自分がまったく知らない世界の人生だったり、けっして叶わない夢のような人生だったり、映画のなかには現実では叶わないような経験が描かれています。

もちろん映画の主人公と同じ人生が送れるはずはありません。それでも、まるで自分が主人公になったかのような疑似体験をすることができるのです。二時間という上映時間のなかで、観客は映画のなかの人物に感情移入します。まるで登場人物に自分が成り代わったような錯覚を覚え、彼らと同じ経験を映画の世界のなかでしている。つまり、映画の数だけ疑似体験ができるのです。

こうした疑似体験は、何も心地よい喜びだけを与えるのではありません。さまざまな疑似体験を通して、私たちは自然と「生きて行く術《すべ》」を学んでいるのです。映画のなかで繰り広げられる危機的な状況。解決が不可能とも思える困難な状況。そうした危機や困難に立ち向かう登場人物の生き様を目に焼き付けることで、自分自身の人生に勇気と知恵を授けてくれるのです。

米国ユーチューブの元ＣＥＯであるスーザン・ウォジスキ氏曰く、「人は自分のストーリーを共有したいということ。そして他人のストーリーを見たいということです。人々はスタジオで撮ったものだけを見たいのではなく、普通の人たちが自分の人生を語るのを見て、それを面白いと思うんだとわかったのです」。

知らず知らずのうちに異文化や新しい知識を学べる

三、異文化に触れることができる

映画好きの池波正太郎さんは、とくにフランス映画がお気に入りだったらしく、四十何年間フランス映画を観つづけたそうです。そしてついに実際にフランスを訪れる機会がきました。池波さんはフランス語を話せるわけではありません。ましてや初めてのフランスです。いまのように詳しいガイドブックもスマホもなかった時代です。にもかかわらず、池波さんは初めてのパリの街を、迷うことなく闊歩《かっぽ》することができたといいます。どうしてそんなことができたのでしょう。それは、映画のなかでフランスの街並みを幾度となく歩いていたからです。初めて訪れたパリなのに、まるで来たことがあるかのような感覚になったといいます。どこの街角に素敵な店があるのか。この通りを抜ければ風景はきっと開けてくる。それが感覚的にわかったのです。

いまやグローバル化の時代。ビジネスシーンにおいても、いつ海外で仕事をすることになるかわかりません。これから行く国はどのようなところなのか。どんな風景が広がっているのか。どんな文化や習慣がそこにはあるのか。もちろんいまでは多くの情報があるでしょうが、その国のイメージみたいなものを的確に把握するには、やはり映画を観ることが大いに役立つと私は思います。

もちろんビジネスに限ったことではありません。行ってみたい国や場所は誰もがあるでしょう。一年に何度も海外旅行ができればいいでしょうが、実際にそれは難しい。ならば映画館に行って、自分が行きたい国の映画作品を楽しんでみてはいかがでしょう。きっとその二時間だけは、あなたの心は憧れの国に飛んでいるはずです。

四、知識を身につけるきっかけになる

映画鑑賞の目的は、やはり楽しむことではありますが、ただそれだけではありません。一つの作品を観ることで、じつにさまざまな知識を得ているのです。知識を得るために観るのではありませんが、結果として自分の知識が増えていることに気がついたりするものです。

宇宙をテーマにした映画を観ることで、これまで知らなかった世界が広がっていきます。宇宙をテーマにした作品の多くはアメリカで生まれていますが、これはやはりアメリカにはＮＡ

SAがあることが大きな要因だと考えられます。

かねてからアメリカでは宇宙の研究が盛んに行われてきました。その研究は人類としての探究心であったり、ときに軍事的な要素が含まれていたりもしますが、いずれにせよNASAを中心として宇宙への挑戦が行われてきました。おそらくハリウッドが宇宙をテーマにした作品をつくる際には、NASAの知識を動員していると思います。

宇宙だけでなく、映画作品のテーマは現実の世界に存在するものが多くあります。ウイルスをテーマにした映画もたくさんつくられました。医療現場を描いた映画も数知れずあります。原子力発電所の暴走を描き出した作品には、世界に警鐘を鳴らす力があります。このように映画のなかには、じつに多くの問題が隠されているのです。

それればかりではなく、それらの知識を誰にでもわかるように描いています。いくら重要なテーマを扱っていても、その内容が難しくて、一般の視聴者には理解しがたいものであれば、作品として意味がありません。どんなテーマや知識においても、万人に理解できるように工夫されている。その結果、映画を楽しみながらも、私たちは新しい知識を吸収している。それも映画鑑賞の大きな魅力となっているのです。

非日常の世界に身を置くメリット

五、人間としての魅力が増す

映画を観るだけで人間として魅力が増す。そんな安易なことがあるのかと思われるでしょう。しかし、現実的に映画のなかには、自分を磨くノウハウがたくさん詰め込まれているのです。

たとえば、ビジネスの世界を描いた作品のなかには、すばらしく格好のよい上司などが登場してきます。テキパキと仕事をこなす力をもち、部下から慕われる人間性も身につけている。誰もが「あんなビジネスマンになりたい」と憧れます。

そんな作品を観た後には、まるで自分が映画のなかに出てくるビジネスマンになったような錯覚を覚えたりします。「あんなふうになりたい」という気持ちが芽生《めば》えると、自分も映画のなかの人物の振る舞いや言葉遣いを真似ようとします。その結果、いつの間にか自分自身の行動が変化してきます。

また、映画のなかのファッションも参考になります。どんなブランドの洋服がいいとか、そういうことではなくて、いわゆる着こなしみたいなものが参考になるのです。どんな場面でどんなファッションを選択するのか。単に流行しているからといって、そのファッションが自分に似合うのか。そんなことを考えながら映画を観ることで、知らないうちにファッションセンスが身についてきます。

人間としての魅力を磨く。それは一朝《いっちょう》一夕《いっせき》には叶わないでしょう。しかし、楽しみながら映画を観ているうちに、魅力の磨き方が何となくわかってきたりします。初めから魅力的な人間などいません。魅力とは、あくまでも自分の意思で身につけていくもの。映画がその一助になることは間違いないでしょう。

六、ストレス発散やデートの口実

さまざまな映画鑑賞の魅力を書いてきましたが、やはり映画鑑賞の第一の効用はストレス発散かもしれません。気持ちが落ち込んだときに、爽快《そうかい》な作品を観るだけで嫌なことは忘れてしまうでしょう。それがたとえ一時的であったとしても、嫌なことを忘れさせてくれるのが映画です。

反対に、何とも悲しい映画を観ると、自然と涙が流れてきます。わざわざお金を払って、どうして悲しい映画を観なくてはいけないのかと思うかもしれませんが、人は涙を流すことでストレスが発散されるのです。明るい場所で涙を流すのは恥ずかしい。でも、閉じられた暗い空間のなかなら、思いっきり泣くこともできるでしょう。そんな非日常の世界に身を置くことで、日頃のストレスは緩和《かんわ》されるのです。言い換えれば、辛いことがあったり、嫌なことがあったときは、映画館のなかに逃げ込んでしまえばいいのです。日常を忘れてスクリーンに集中する。そんな時間がもてるのも映画ならではです。

付け加えていえば、気になる異性をデートに誘う口実にもなるでしょう。映画を観ることが嫌いだという人は滅多にいません。「映画は好きですか？」と聞けば、おそらく九〇％以上の人は「好きです」と答えるでしょう。次に「では、どんな映画が好きですか？」と聞くと、ほとんどの人は自分が好きな映画のジャンルを話し始めます。どんな人でも、必ず好きな映画作品の一つや二つはあるものです。そして、ここまで会話が進めば、後は「今度この映画を観に行きませんか？」と誘うだけです。

こんなことを書いていると、私も若いころを思い出します。面と向かってデートに誘う勇気はなくても、映画の話ならできたものです。思い切って誘ってみてください。でも、メールやラインなどで誘ってはダメですよ。相手の顔をしっかりと見ながら誘うこと。それがこれから一緒に観る映画のプロローグになっているのですから。

「ミニシアター」が日本の映画文化を支えている

かつて映画は「娯楽の王様」と呼ばれていました。それは娯楽という枠組みに留まることなく、近代の日本文化を牽引する存在であったと私は思っています。

いつも映画は、私の心に寄り添ってくれました。小学生のころに学校の先生に引率されてクラスメイトと観た『二十四の瞳』はいまも鮮明に思い出されます。中学生や高校生のときは、正月になると、お年玉を握りしめて、家から歩いていける小田原駅近くの映画館に通ったものです。駅周辺の商店街を歩いていると、あちこちに映画のポスターが貼られていました。新作映画の華やかなポスターを眺めながら商店街を歩く。ただそれだけで胸が高鳴ったのを覚えています。

『二十四の瞳』(木下惠介監督、1954年)

一九八〇年代、小田原駅周辺には八館もの映画館が軒《のき》を連ねていました。小田原駅にかぎらず、大きな駅の周辺には必ずといっていいほど映画館がありました。映画はいつも私たちの生活のなかにあったのです。

しかし、こうした街中映画館が次々と閉館に追い込まれて

1919年に芝居小屋として創業した「御幸座」。300名も収容でき、小田原を代表する大衆娯楽の殿堂でもあったが、1984年に閉館。

「富貴座」は1881年に劇場として開業するが、火事で焼失したり、1923年の関東大震災や1945年の小田原空襲で罹災するなど、再三不幸に見舞われた。1957年に閉館。

いきます。小田原駅周辺も二〇〇三年に「オリオン座」が閉館したのを最後に、すべての映画館が姿を消しました。もちろん毎日映画館に足を運ぶわけではありません。地元の映画館に映画を観に行くのは、一年に数度のことです。それでも、自分が暮らす街から映画館が消える寂しさは、何ともいえないほど切ないものでした。まるで小田原の街から文化の灯《あかり》が消えたかのような思いがしたものです。

1937年に開館した「小田原東宝館」(のちに「小田原銀映座」)。1970年ごろ閉館。

洋画専門の上映館として1956年に開館した「中央劇場」。1992年に閉館。

1946年に開館した「オリオン座」。ロードショーの２本立てで人気を博したが、2003年に閉館。

映画館のない街になんか住みたくない。そんな思いが日に日に強くなっていきました。そしてソニーを退職したのを機に、私は地元の小田原地域に活動の軸を移すことにしました。自分という人間を育《はぐく》んでくれた小田原の街に、何とか恩返しがしたい。さまざまな活動を通じて、地元をもっと元気にしたい。その思いが高じて、小田原にまちなか映画館をつくることを決意したのです。

全国の映画館の状況をみると、やはり主流となっているのは「シネマ・コンプレックス（シネコン）」と呼ばれる大きな映画館です。大きなビルやショッピングモールのなかにいくつものスクリーンをもち、大手映画会社が配給する新作映画を買い物ついでに楽しむことができる。それはとても魅力的なものではありますが、「シネコン」があるのは大都市やその郊外地域に限られています。大量の集客をしなければ採算は取れませんから、人口が多い地域にしかつくることはできません。ということは、「シネコン」のない街の人たちは、映画という文化に触れる機会が奪われるということです。

一方、「シネコン」とは真逆《まぎゃく》の映画館が「ミニシアター」で、始まりは一九六八年に開館した「岩波ホール」といわれています。「シネコン」では上映されないようなマイナーかつ低予算な作品が上映されることが多く、映画好きの固定ファンに支えられています。ところが、一九九〇年初頭には千五百館あった「ミニシアター」も、いまでは六百館にまで減少していま す。「シネコン」のような大規模な映画館は増えているとしても、映画館そのものは減少しているのです。

映画館が減少するということは、映画館で映画を観る機会を奪うばかりでなく、映画作品が上映される機会を奪うことにもなるわけです。実際、二〇二二年には日本国内で約千百本の映画作品が上映されていますが、そのうちの七〇％は「ミニシアター」での上映となっています。要するに、大規模の「シネコン」などで上映されるのは、全作品の三〇％でしかないのです。

上映の内訳を見てみると、いわゆる「ドキュメンタリー映画」はほぼすべてが「ミニシアター」での上映となっています。原発問題や医療現場の問題提起など、すぐれた「ドキュメンタリー映画」が数多く製作されています。しかし、そんな魂のこもった「ドキュメンタリー映画」も、大きな映画館で上映されることはありません。

また二〇二〇年度に文化庁が芸術文化振興基金から助成した映画の半分は「ミニシアター」での上映です。さらには『キネマ旬報』が選ぶベスト一〇の作品の七〇％、世界三大映画祭（カンヌ・ベネチア・ベルリン）のグランプリをとった作品の九五％は「ミニシアター」での上映となっています。つまり、いまの日本の映画界を支えているのは「ミニシアター」だといっても過言ではないのです。「ミニシアター」がなくなれば、いまつくられている映画作品の七〇％は、上映されることなく消え去ることになるのです。

私財を投じて「小田原まちなか映画館」をつくる

「ミニシアター」の役割が重要であることは誰もが知っています。そして、映画館をつくりたいという夢をもっている人もたくさんいる。にもかかわらず、どうして「ミニシアター」は減少し続けているのか。その理由はいたって簡単です。要するに経営が成り立たないからです。「ミニシアター」とは「まちなか映画館」でもあります。「まちなか」、すなわち日常生活のなかに溶け込んでいなくては意味がないのです。ということは、「ミニシアター」は駅近くの商店街などにつくらなくてはなりません。駅近くの商店街というのは、それが地方であったとしても土地の値段は安くはありません。賃貸にしても、毎月相当な賃貸料がかかってしまいます。そのうえで映画の配給会社に支払う代金がありますから、採算を取るのは難しいのが一般的です。映画全盛期のように、休日は立ち見客も出るような賑わいを取り戻せばやっていけるでしょうが、そういう時代でもありません。映画館の経営そのものがターニングポイントを迎えているのです。

そこで私は腹をくくりました。地元の文化の灯を絶やしたくない。その一心で行動を起こしました。その行動とは、映画館の土地と建物を私が私財を投じて確保することでした。私の持ち物ですから、映画館の家賃は低く抑えることができます。さらに建物のなかには映画館だけでなく、食事やお酒が楽しめるようなテナントも招聘《しょうへい》しようと考えました。映画館をつくるのなら、これまでになかったような新しいものをつくりたいと思ったからです。

単に映画の上映をするだけでなく、お酒や食事も楽しめるような映画館にしたい。映画を観るだけが目的ではなく、文化の香りに触れられるような場にしていきたい。

さらには新人監督や新人脚本家たちの作品を積極的に上映し、未来の映画界を担《にな》う若手を育てる場にもしていきたいと考えているのです。

日本映画界を牽引してきた大女優の吉永小百合さん曰く、「私は映画が大好きで、映画が教科書でした。だから、自分の出演した映画を、何十年後に若い人、世代の違う方が観て何かを感じてくれれば最高です」と。映画作品とは、けっして色褪《いろあ》せるものではないのです。数十年前につくられた作品であっても、その輝きが失せることはありません。なぜなら、たとえ時代が変わっても、感動する心は変わることがないからです。

じつはこうした運営方法は、すでにアメリカなどでは実践されています。映画館は、ただ映画を鑑賞するだけの場ではない。映画を観た後でお酒を飲みながら語り合ったり、映画を観なくてもそこに来るだけで文化の香りに触れることができる。人々との出会いや文化とのふれあい。そんな「第三の場」にこれからの映画館はしていく必要があるのだと思います。

小田原駅の近くに映画館をつくる。それは無謀ともいえるチャレンジでした。高額の賃貸料が発生したなら、すぐさま経営は行き詰まってしまいます。そのため、私財を投じて土地を確保し、映画の上映収入だけでなく、テナント等の収入で成り立つ運営を目指す。その方針が決まってから、六年という歳月をかけて、私は「小田原まちなか映画館」の場所探しを仲間としてきました。

小田原から映画館が消えた。ただし、それを憂《うれ》いていても仕方がない。映画館が消えたのなら、もう一度自分たちの手で復活させればいい。そんな思いや価値観を共有した仲間が集まり、「小田原まちなか映画館プロジェクト」がスタートしたのです。いわば「チーム小田原」で夢の実現を目指してきました。

一過性の映画館経営ではなく、長く継続して街に根づかせることを目的に、二〇二二年七月には「小田原シネマ株式会社」を発足させました。うれしいことに、志高い経営者仲間がたくさん参加してくれました。

【小田原シネマ株式会社・チャーターメンバー（敬称略、五十音順）】

外郎《ういろう》藤右衛門、奥田かんな、神戸《かんべ》洋一、草山明久、窪澤圭、倉田雅史《まさし》、小島時昭、小林弘明、志澤昌彦、柴崎正三、鈴木大介、鈴木伸幸、曽我良成《よしなり》、高橋理《まこと》、辻村百樹、時田佳代子、濱田総一郎、原正樹、樋口敦士、樋口太泉《たいせん》、古川剛士《たけし》、古川達高《たつたか》、溝口久、蓑宮大介、蓑宮武夫、横田俊一郎、吉川伸治

いつしか映画は「斜陽産業」だといわれるようになりました。現代の言葉でいうのなら「映画はもはやオワコン（終わったコンテンツ）だ」となるのでしょう。

しかし、映画は「オワコン」などではまったくありません。映画が廃《すた》れているなどとんでもない誤解です。ここ数年はコロナ禍《か》によって観客数が減少していますが、コロナ前の二〇一九年のデータを見ると、年間の興行収入は二千六百十一億円で、これは統計を取り始めた二〇〇〇年以降で最高の数字でした。観客動員数は一億九千四百九十一万人で、これもまた二〇〇〇年以降で最高のものです。

さらに付け加えるなら、映画監督や脚本家など映画づくりに関わる人材の育成も進んでいます。撮影機材や技術の進歩によって、誰もが映画製作に関わるチャンスが生まれています。映画作品の数はどんどん伸びていくことが予想されます。そして多くの作品が生まれることで、新たな映画文化も必ず育ってくる。これまで観たこともないような作品が生まれることもあるでしょう。そんな、いまだ観たこともない映画作品を、私もこの目で観てみたいと思います。文化を守るということは、けっして過去を守ることではなく、未来の可能性を信じることでもあると私は思っているのです。

「小田原まちなか映画館」の外観イメージ

小田原シネマ株式会社の総会風景

小田原シネマ株式会社の設立説明会

映画『二宮金次郎』のご縁で「小田原まちなか映画館」の名誉館長を引き受けていただいた、（上から）五十嵐匠監督、田中美里さん、合田雅吏さん

第2章

私が選んだ不朽の名作

『路傍の石』先生の言葉が生きる支えに

『路傍《ろぼう》の石』は山本有三の代表的な小説で、一九三八年に初めて映画化され、その後何度か作品化されています。山国の小さな町に生まれた愛川吾一少年は、小学生のときから成績優秀だったので、中学校に進学して勉強をすることを望んでいました。しかし、吾一の父親が借金を重ねたため、呉服商の伊勢屋に丁稚《でっち》奉公にいかされることになったのです。

伊勢屋には吾一と同級生の息子がいました。勉強が嫌いで劣等生でもあったその同級生は、勉強などできなくても、家の財力で中学校に通うことができました。まだ小学校を卒業したばかりの吾一ですが、世の中の理不尽さを思い知らされたのです。

「吾一などという名前は生意気だ。今日からお前の名前は五助だ」

意地悪な番頭からそういわれ、丁稚の先輩からもいじめられる日々が続きました。そんなときに小学校時代の担任だった次野先生と再会します。先生は吾一たちに鍋料理をご馳走してくれました。そして、自分はこの町を出て東京に行くことを吾一に告げたのです。もっと勉強がしたいからと。次野

『路傍の石』(家城巳代治監督、1964年)

先生は吾一の憧れでした。いつか自分も東京に出て勉強がしたい。そんな夢を抱くようになったのです。次野先生と同級生との邂逅《かいこう》で気分が高揚し、繰り返し謳《うた》った『箱根八里』は「千万人といえども吾往《われい》かん」の気概が表現されていました。

箱根の山は天下の嶮《けん》
函谷關《かんこくかん》も物《もの》ならず
萬丈《ばんじょう》の山千仞《せんじん》の谷
前に聳《そび》え　後方《しりへ》に支《さそ》う
雲は山をめぐり霧は谷をとざす
昼猶闇《ひるなおくら》き杉の並木
羊腸《ようちょう》の小徑《しょうけい》は苔滑《こけなめ》らか
一夫關《いっぷかん》に当たるや萬夫《ばんぷ》も開くなし
天下に旅する剛気《ごうき》の武士《もののふ》
大刀腰《だいとう》に足駄《あしだ》がけ
八里《はちり》の岩根《いわね》踏みならす
斯《か》くこそありしか往時《おうじ》の武士《もののふ》

辛い丁稚奉公のなかで、吾一には心の支えになる言葉がありました。それは、小学校のときに次野先生からいわれた言葉です。

「吾一という名前はいい名前だな。吾一というのはね、我は一人なり、我はこの世に一人しかいないという意味だ。たった一度しかない人生をほんとうに生かさなかったら、人間、生まれてきたかいがないじゃないか」

この世にたった一人しかいない自分。その自分を自分が大事にしなければ、いったい誰が大事にしてくれるだろう。自分が信じた道を歩いていくことだ。そんな思いを胸にして、吾一はやがて伊勢屋を抜け出し、希望を抱いて東京に出ていきます。

小学生のころに出会った先生は生涯の道を決定づける影響もあるものです。言い換えれば、子どものときにどんな先生との出会いがあるか。それは人生にとってとても重要なことだと私は思っています。

この作品は丁稚奉公の辛さに目が行きがちですが、私には先生と子どもとの心のふれあいが印象に残っています。

『二十四の瞳』教師と子どもたちの深き絆と愛情

いわずと知れた壺井栄《つぼいさかえ》の小説。一九五四年に木下惠介監督の手で映画化された作品です。主人公の大石先生を演じたのが高峰秀子さん。清純で前向きに生きていく大石先生の姿に心が奪われたものです。

舞台となるのは小豆島《しょうどしま》。岬の分教場に赴任した大石先生と、十二人の生徒たちの心の交流を描いた名作です。島の大自然に育まれながら成長していく子どもたち。それを温かい目で見守る大石先生。そんなイメージから、とても明るい作品のように思う人も多いでしょうが、じつは大きな悲しみや葛藤が描かれているのです。

小豆島の分教場に赴任してきたちょうどそのころから、戦争の気配が漂い始めました。教師の世界にも軍国主義が入り込み、それまでのような自由な教育ができなくなっていきます。国の方針に納得できなくなった大石先生は、結婚を機に教師の世界から身を引きます。

やがて戦争が始まります。教え子だった男の子たちは、次々と戦地に送られます。小学校一年生のときから教えてきた子どもたち。田舎の古い慣習に苦労しながら、ときにぶつかり合いながら、ともに成長してきた子どもたち。そんな大切な教え子である男子の半分は、戦地から帰ってくることがありませんでした。戦地に散った教え子を想うとき、大石先生は叫びたいほどの悲しさを覚えます。そして夫もまた戦地で散ってしまいます。さらに、母親と末の娘もこの世を去ります。

そんな絶望のどん底から救い出してくれたのが、かつての教え子たちでした。

この作品もまた、教師と生徒の絆が見事に描かれています。胸を締め付けられるような悲しさも含みながら、最後には温かな絆を感じさせてくれる。教師と教え子の温かい交流を描いた作品は多々ありますが、『二十四の瞳』の右に出る映画はないと私は思っています。

『ノンちゃん雲に乗る』理想的な生活への憧れを描く

一九五一年に出版された石井桃子の児童文学作品です。一九五五年に映画化され、翌五六年にはテレビでも影絵劇として放映されました。

八歳の女の子を主人公にしたほのぼのとした名作ファンタジーです。雲の上の世界を表現するために、当時では最先端のアニメーション合成技術が取り入れられたのも印象的でした。文部大臣賞を受賞した小説の映画化なので、オ

『ノンちゃん雲に乗る』（倉田文人監督、1955年）

ープニングに「この映画をよい子の皆さんへお贈りします」との献辞《けんじ》があり、当時の憧れとしてあるべき家族愛、家庭環境をイメージした作品といえます。

親子四人（父親役：藤田進、母親役：原節子、兄役：高崎敦生《あつお》、ノンちゃん：鰐淵《わにぶち》晴子）、飼い犬のエス、さらに鶏が三羽という家族構成。きれいで優しいお母さん、ときには厳しく叱るが、釣りという趣味ももっている一家の大黒柱のお父さん、腕白だけど魅力的なキャラのお兄さん、愛くるしくひた向きで生命力溢れるノンちゃん。

ガスコンロで天ぷらをあげたり、バイオリンを弾《ひ》いたり、バレエを踊ったり、ノンちゃんの級友が東京に転校したり……。ハイカラなシーンが随所にあり、ノンちゃんは絶対うそをつけない子ども、理想的な少女、国民として描かれています。

戦後の復興期から高度成長期へと日々の生活が大きく変化していくなかで、「近い将来、このような希望のもてる世になるはず、またいつか自分もこんな素敵な家庭をつくってみたい」と、多くの日本人がスクリーンの向こうにある上品で温かな家庭や生活に憧れをもったものです。

『赤い河』世代交代とは何かを問いかける名作

一九四八年に製作されたアメリカ映画を代表する西部劇です。当時の西部劇を牽引してきたのは名優ジョン・ウェイン。強く、そして心の奥に優しさを宿している、まさにアメリカの父親のような存在で、この俳優なくして西部劇の興隆《こうりゅう》は考えられなかったでしょう。

『赤い河』もまた、西部開拓時代の牧場を舞台にした作品です。わずか二頭からスタートし一万頭の牛を飼うまでの大牧場に育てあげたダンスンをジョン・ウェインが演じています。頑固一徹なダンスン。これまでと同じようなやり方でリーダーシップを取ろうとしますが、昔のような強引なやり方に不満を抱く部下がたくさん現れます。

『赤い河』（ハワード・ホークス監督、1948年）

ダンスンには、幼いときから大切に育ててきた孤児マット（モンゴメリー・クリフト）がいました。やがてマットが青年になると、牧場経営を巡ってダンスンと対立するようになります。養子として育ててきたマットに反旗を翻《ひるがえ》されたのですから、ダンスンの心情は穏《おだ》やかではありません。しかし結果として、牧場で働く部下たちは、マットについていくことを選んだのです。

もう自分のやり方は古いのかもしれない。そんなことはわかっているけれど、世代交代を素直に認めたくない自分もいます。若い人たちに道を譲《ゆず》っていく。いつまでも昔の発想に縛《しば》られてはいけない。重々承知はしているけれど、なかなか踏ん切りがつかず後進に道を譲ることができない。

世代交代の残酷さと厳しさ。それはかつての西部開拓時代も現代も変わることはありません。変わりゆく時代の波を感じながら、未来のために自分は何をすべきなのか。そんな大きなテーマがこの作品には埋め込まれているのです。

そして何よりも、ジョン・ウェインという役者の存在があってこそ、この作品が輝くものになっていると私は思っています。強くて優しくて、そして未来を見据える眼をもっている。若者の前に立ちはだかりながらも、早く自分を抜いていってほしいと願っている。そんな「男」の姿をジョン・ウェインは見事に演じきっているのです。

蛇足《だそく》ですが、私は映画の最後の場面に登場するシーンが強烈に印象に残っています。テキサスからカンザスまでの三千キロ、百日以上の壮大な牛追いの旅。その苦難を乗り越えたマットがカンザス州アビリーンに到着し、商社のメルヴィル（ハリー・ケリー）と牛を売る契約を交わしたときに、メルヴィルがマットにいった言葉をいまでも忘れません。

「男は人生で月に向かって三度、歓喜の雄《お》たけびをあげる」

それは、①結婚したとき、②子どもが生まれたとき、③念願の仕事を成し遂げたとき。みなさんはいかがでしょうか？

『生きる』『七人の侍』普遍のテーマと向き合った作品

『生きる』は一九五二年に公開された黒澤明監督の代表作の一つです。主人公は市役所の市民課に勤める課長の渡邊勘治（志村喬《たかし》）。市民からの要望を聞くのが仕事ですが、とにかく自分の課でやりたくない。要望が来るたびに「これはどこそこの課に行ってください」と市民をたらい回しにすることが日常となっていました。ただ毎日役所に行き、机に重ねられた書類に押印《おういん》をするだけ。仕事への情熱もなく、何のために生きているのかもわからないような日々を過ごしていました。

そんな勘治がある日、体調不良のため病院を訪れます。医師からは軽い胃潰瘍《いかいよう》と告げられますが、本人は胃ガンだと悟ります。当時、ガンは不治《ふじ》の病《やまい》といわれていたので、勘治はあとわずかな時間しか残されていないと思い、貯金を下ろして歓楽街をさまよい、放蕩《ほうとう》の限りを尽くします。それでも心は苦しいだけ。あるとき、元部下の女性に出会います。彼女は人形をつくる町工場で活き活きと前向きに働いており、「人形を一つつくるたびに、私はどこかの赤ちゃんと仲よくなった気がする」といいます。その言葉に触発された勘治が出した答えが、市民のために必死に働くということでした。

「自分はこれまで、市民のために何かをやったことがあるだろうか。役所という仕事のなかで、必死に仕事と向き合ったことがあるだろうか。そして自分は、これまでの人生を生き切ってきたのだろうか」

まさに彼は「生きるとは何なのか」という問いを自らに向けたのです。それからの勘治は、まるで人が変わったように真摯《しんし》に仕事と向き合いました。たらい回しという悪しき役所の習慣を真正面から変えようとしました。

ガンと悟ってから五カ月後、雪が降る夜にブランコを漕《こ》ぎながら、『ゴンドラの唄』を口ずさみつつ、満足げに死んでいく勘治。

いのち短し　恋せよ乙女　紅き唇　あせぬ間に　熱き血潮の　冷えぬ間に
明日の月日は　ないものを

勘治が亡くなった日、通夜の席にはたくさんの市民の姿がありました。

「生きる」とはどういうことなのか。人生における自分の役割とは何なのか。そして、満足できる人生を歩むためにはどうすればいいのか。この永遠のテーマを、黒澤監督は見事に描き出したのです。

それから七十年余の月日を経て、**『生きる』**は、ノーベル賞作家であるカズオ・イシグロ氏の脚本によって二〇二二年にイギリス映画として蘇りました（**『生きる　LIVING』**）。

『生きる』にかぎらず、黒澤映画は日本の映画界を牽引し、さらに世界中の監督や製作者にも影響を与えてきました。一九五四年に公開された**『七人の侍』**も、名匠ジョン・スタージェス監督によって**『荒野の七人』**（一九六〇年）としてリメイクされています。また宇宙版として**『宇宙の7人』**（ジミー・テルアキ・ムラカミ監督、一九八〇年）もリメイク映画です。

『七人の侍』は、野武士の略奪に悩んでいた農民たちが、七人の侍を雇い、自分たちの村を守ってもらうという作品です。じつはこの作品の撮影は箱根周辺で行われました。一年近い撮影期間をかけたため、製作費は通常の作品の七倍かかったそうです。大勢の撮影スタッフが長期間、箱根の山に常駐《じょうちゅう》したのですから、そのスケールたるや相当なも

『生きる』（黒澤明監督、1952年）

『生きる LIVING』（オリヴァー・ハーマナス監督、2022年）

『宇宙の７人』（ジミー・テルアキ・ムラカミ監督、1980年）

『荒野の七人』（ジョン・スタージェス監督、1960年）

『七人の侍』（黒澤明監督、1954年）

のだったでしょう。「世界の黒澤」にしかできない芸当《げいとう》だったと思います。

　農民たちに雇われた七人の侍のおかげで村には平穏《へいおん》な日々が戻ってきます。平和に暮らす農民の姿を見ながら、侍が呟《つぶや》きます。

「この戦いに勝ったのはあの百姓たちだ。私たちではない」

　いつの世も強き者が弱き者に勝つ。ほんとうにそうだろうか。はたして勝ち負けとは何なのだろうか。強者である侍と、弱者である農民を対比させながら描かれたこの作品は、真の勝者とは誰なのかを教えてくれます。まさに、日本人の精神性を表現していると私は思います。

『コンバット！』リーダーシップの本質を教えてくれる

一九六二年から一九六七年まで、アメリカＡＢＣで放送されたテレビ番組です。舞台は第二次世界大戦中のフランス、アメリカ陸軍歩兵連隊のある分隊の活躍を描いた作品です。日本でも放映（ＴＢＳ系）され、たいへんな人気を博しました。

このドラマがテレビ放送されていた時期、私はソニーに入社して間もなくのころで、半導体の工場で寮生活をしていました。毎週水曜日の夜八時に、テレビのあった談話室にみんなが集まって観ていたことを思い出します。

『コンバット！』アメリカABCで1962年から1967年まで放送されたアメリカのテレビドラマ

分隊を率いるのはサンダース軍曹《ぐんそう》（ビック・モロー）。過酷な戦場で指揮を執《と》る立場であるため、部下に対して情け容赦《ようしゃ》のない鬼軍曹でした。しかし、彼は部下に厳しいだけではなく、それ以上に自分自身に厳しい人間でした。常に冷静な判断を下し、部下から見れば冷血漢《れいけつかん》とも思えますが、部下が死ぬと、まるで自分の責任で死んでしまったかのように悲しみ、そして自分の失敗だという。そんなサンダース軍曹のリーダーシップは、見る者の心を惹きつけました。

ときは高度経済成長期です。会社という組織において、どのようなリーダーが望まれるのか。求められるリーダー像をみんなが模索していた時代かもしれません。ソニーに入社したての若造であった私の心にも、サンダース軍曹のリーダーシップは印象深く残っています。当時、この『コンバット！』鑑賞が裏のリーダーシップ研修なら、表のリーダーシップ研修は月刊誌『ＰＨＰ』の輪読会でしたが、個人的には『リーダーズ・ダイジェスト』を愛読していました。

『男はつらいよ』人生の本質を突いた寅さんの言葉

日本人ならば、知らない人はいないであろう名作シリーズです。一九六九年に松竹によって一作目が公開されました。じつは、映画より先にテレビドラマ（一九六八〜六九年）だったことは意外と知られていないようです。山田洋次・稲垣俊《しゅん》・森崎東《あずま》らが脚本を手掛けた全二十六話で、柴又帝釈天《しばまたたいしゃくてん》が舞台ではありませんでした。ドラマはヒットしたものの、最終話で寅次郎が死ん

『男はつらいよ 寅次郎あじさいの恋』（山田洋次監督、1982年）

でしまうという結末に視聴者から抗議が殺到して映画化につながったといわれています。映画は山田洋次監督が原作と脚本を務めましたが、観客動員数がギリギリ合格点というレベルだったので、第二作で終わる予定だったそうです。しかし、シリーズ映画がほしかった松竹が続投を決定します。観客動員数は五作目でブレークし、以後は公開を重ねるごとに増えていき、気づけば全五十作（渥美清《あつみきよし》主演は一九九五年の第四十八作まで）というとんでもないドル箱シリーズになったのです。

俺がいたんじゃ　お嫁にゃ行けぬ　わかっちゃいるんだ　妹よ
いつかおまえの　よろこぶような　偉い兄貴に　なりたくて

渥美清演じるフーテンの寅《とら》こと車《くるま》寅次郎は、葛飾《かつしか》柴又の実家に帰ってきては、またふらっと旅に出ます。惚《ほ》れっぽい寅さんは、旅先でいつも恋をする。何とも自由気ままな生き方。それは人の心の奥にある憧れみたいなものかもしれません。

日本中を旅する寅さんですから、映画を観ているだけでまるで旅をしたような気分になります。寅さん映画がシリーズ化された一九七〇年代は、まだまだ情報の少ない時代。寅さん映画のなかには、絵葉書くらいでしか見たこともない日本各地の風景が広がっていました。四季折々の美しい風景や珍しい食べ物、何より素朴な庶民の暮らしを映画を通して見ることができる。それもまた観客の楽しみの一つであったと思います。

作品そのものは、どちらかといえば軽やかなコメディータッチで描かれていますが、寅さんが発する言葉には得もいわれぬ重みがありました。言葉の一つひとつに、人生の本質を言い当てたような深さを感じたものです。その深みのある台詞《せりふ》をいくつか紹介します。

甥っ子の満男が寅さんに尋ねます。

「人間は、何のために生きてんのかな」

寅さんは答えます。

「うん？　難しいこと聞くなあ、え？　うーん、何ていうかな、ほら、ああ、生まれてきてよかったなって思うことが何べんかあるじゃない、ねえ。そのために人間生きてんじゃないのか」

また、受験勉強中の満男がふと「おじさん、何のために勉強するのかな」と聞きます。寅さんは答えます。

「長い間生きてりゃ、いろいろなことにぶつかるだろ。そんなとき、勉強したやつは自分の頭できちーんと筋道を立てて、どうしたらいいかを考えることができる」

まさに本質を突いた答えだと思います。教師や親からは出てこない一言。具体的なノウハウなどではなく、心を揺さぶってくる言葉がそこにはありました。

恋多き寅さんですから、恋愛観に触れる言葉も残しています。

「男が女に惚《ほ》れるのに、歳《とし》なんか関係あるかい」

「ほら、いい女がいたとするだろう。なあ？　男がそれを見て、ああ、いい女だなあ、この女を俺は大事にしてえ。そう思うだろう、それが愛っていうもんじゃねえか」

恋に破れたときには、

「誰をうらむってわけにはいかねえんだよね、こういうことは。そりゃ、こっちが惚れている分、向こうもこっちに惚れてくれりゃあ、世の中に失恋なんてなくなっちゃうからな。そうはいかないいんだよ」

「女に振られたときは、じっと耐えて、一言も口をきかず、だまって背中を見せて去っていくのが、男というものじゃないか」

どの台詞をとっても、聞いているだけで心が温かくなります。山田洋次監督が書いた台詞を渥美清さんが言葉にする。この二人なくして、この作品はこれほどまでに日本人の心を揺さぶらなかったかもしれません。

『緋牡丹博徒　一宿一飯』不合理な生き方を選ぶときもある

一九六八年に公開されたこの作品は「緋牡丹博徒《ひぼたんばくと》」シリーズの二作目です。藤純子《ふじじゅんこ》（現・富司純子《ふじすみこ》）と鶴田浩二の組み合わせでしか表現できない世界観が描かれた名作といえます。緋牡丹のお竜（富司純子）が身を置いている上州（いまの群馬県）で、高利貸しの陰謀によって世話になった親分が殺されてしまう。そのかたき討ちに一匹狼の渡世人《とせいにん》（鶴田浩二）が加わります。

恩義を受けた人のために自分を犠牲にするという、任侠《にんきょう》の世界ならではの生きざまが描かれています。命までかけなくても、自分の損得を考えることなく誰かのために行動する。いまの世の中には忘れられた心がそこにはあります。

『緋牡丹博徒　一宿一飯』（鈴木則文監督、1968年）

現代社会は計算と合理性に溢れています。常に自身の損得を考え、合理的でない行動は次々と排除されていく。そんなことが当たり前の社会になっています。もちろん合理的な思考や行動は大切なものです。人生のほとんどは、合理的な考えで生きていかなくてはならないでしょう。

しかし、人間とは合理的なことばかり考えて生きているわけではありません。ときには不合理と思えるような生き方を選択すべきこともあるのです。人生の分かれ道を前にして選択を迫られたとき、「どちらの道が合理的か」を判断するのではなく、「どちらの道が自分自身納得できるか」に心を砕いてみる。そんなことの大切さを教えてくれる作品だと思います。

『幕末青春グラフィティ 坂本竜馬』異色かつ幻のテレビドラマ

一九八二年、日本テレビ開局三十周年に製作された長編ドラマです。なお、このテレビドラマの続編として一九八六年に映画『幕末青春グラフィティ Ronin 坂本竜馬』が公開されていますが、私が紹介したいのはテレビドラマのほうです。

『幕末青春グラフィティ Ronin 坂本竜馬』(河合義隆監督、1986年)

芸能界きっての坂本龍馬ファンである武田鉄矢が龍馬を演じ、その他にも吉田拓郎や井上陽水など、ドラマには滅多に出演しないミュージシャンが参加したことでも話題になりました。ミュージシャンばかりでなく、ビートたけしなど勢いのあるお笑い芸人も出演。何とも贅沢なドラマになったのです。

さらに、この作品は、龍馬ファンばかりでなく、ビートルズファンの心も鷲づかみにしました。作品の全編にわたって、ザ・ビートルズの楽曲が二十曲も使われたからです。時代劇としてはかなり異例な試みでした。しかし結果として、その試みが観る者の魂を揺さぶったのです。

ドラマは龍馬の暗殺シーンから始まります。その象徴的なシーンのバックに流されたのが、ジョン・レノンの名曲『イマジン』です。この曲が流れた瞬間、鳥肌が立ったことをいまでも思い出します。

さらに、上士の娘に憧れる近藤長次郎たちの思いを『抱きしめたい』で表現し、岡田以蔵《いぞう》が付文《つけぶみ》をするシーンでは『ヘイ・ジュード』が流れます。この曲に書かれた詩は、その場面にしっかりと溶け込んでいます。

故郷からの手紙で姉の自害を知らされるシーンで流れるのが『レット・イット・ビー』。もう涙なくしては観ることができません。

なお、この作品は音楽の著作権の関係でＤＶＤになっていないのが何とも残念でなりません（映画版はＤＶＤあり）。

『わが谷は緑なりき』炭鉱の衰退に翻弄される人間の運命

一九四一年にアメリカでつくられた映画です。作品の舞台は十九世紀末のイギリス・ウェールズ地方。かつて炭鉱の町として栄えたこの地に暮らす男たちと家族の物語です。ウェールズで採れる石炭は非常に質が高く、産業革命によって近代化を成し遂げた大英帝国を支えたのもその石炭であったといわれます。日露戦争における日本海海戦で日本の海軍がロシアの海軍に勝利したのも、日英同盟のおかげでウェールズ産の石炭を日本の艦船に使うことができたからという説もあるそうです。

さて、一時代を築いた石炭産業も、十九世紀末には斜陽産業へとなっていきます。炭鉱は次々と封鎖され、男たちも働き口を失い、町から出ていくことに。炭鉱町の衰退は日本でも同じことです。

産業の移り変わりによって左右される人々の運命を見事に描き出したこの作品には、個人的な思い入れがあります。それは、ウェールズという場所にソニーの工場があり、現役のときに幾度となくウェールズを訪れたからです。

『わが谷は緑なりき』(ジョン・フォード監督、1941年)

じつはウェールズには七十社近くの日本企業が進出しており、現地の人たちにとっても日本人は近しい存在でした。夜の酒場で飲んでいても、しょっちゅう声をかけられたものです。さらに思い出に残っているのは、かのダイアナ妃（当時）がソニーのテレビ工場を見学に訪れたということです。ウェールズはチャールズ家にとって所縁《ゆかり》の深い場所。そんな関係でダイアナ妃がいらしてくれたのです。

作品のすばらしさはもちろんですが、私にとってこの映画は、ウェールズの風景を見ているだけで懐かしさを覚えるのです。

『清左衛門残日録』古きよき家庭の風景がそこにある

原作は、一九八五年から『別冊文藝春秋』で始まった藤沢周平の連作短編時代小説『三屋清左衛門残日録《みつやせいざえもんざんじつろく》』です。ＮＨＫが一九九三年から仲代達矢の主演により『清左衛門残日録』のタイトルでテレビドラマ化しました。

藩主の用人として仕えた三屋清左衛門は、藩主の死去に伴い隠居《いんきょ》を申し出ます。これからはのんびりと暮らそうと考えていましたが、町奉行をつとめる竹馬《ちくば》の友が、なにかしら助けを求めてきます。隠居どころか、藩のなかで起きるさまざまな事件の解決に奔走《ほんそう》するという物語です。

これは、現代の会社人生にも当てはまります。清左衛門はいまでいえば幹部社員まで出世した身分です。退職後の生活はそこそこ保証されていますが、自分としてはまだまだ現役気分が抜けない状態です。そんな心境のとき、かつての会社の同僚や部下から相談や頼まれごとが次々に舞い込む。そこで、自分でも役に立つことがあればと、事件の解決に奔走する。まったくのボランティアですが、退職後も充実した日々を送るのです。

清左衛門の生き方は、いまの時代でも参考になると思います。会社を定年退職しても、それで社会との関わりが終わったわけではありません。それまでと同じ仕事ではなくとも、社会のために恩返しできるような仕事をしてみる。いわゆる派閥争いも出世競争もありません。これからは社会へのお返しをするつもりで生きていく。それが充実した余生であることを清左衛門は示してくれます。彼にとっては「余生」などではなく、「誉生」（誉《ほま》れある残りの人生）なのです。

『清左衛門残日録』（1993年）

そんな清左衛門の誉生を支え人生に彩りを添えているのが、家族、竹馬の友、元の職場仲間であり、身近にある粋《いき》な小料理屋です。隠居生活になって、生きる活力を失うのではないか。家族の心配はそこにありました。いつまでも元気にはつらつと生きてもらいたい。そんな家族や友の思いに支えられながら清左衛門は日々を暮らします。この作品を観ていると、古きよき日本の家庭の原点を見る思いです。

『ラスト サムライ』アメリカ映画が教えてくれた武士道の本質

二〇〇三年にアメリカで製作・上映された作品です。主演はトム・クルーズ、騎兵連隊の大尉を演じています。トム・クルーズ演じるネイサン・オールグレン大尉にはモデルとなった人物がいます。江戸幕府のフランス軍事顧問団として来日し、一八六八年に戊辰《ぼしん》戦争が始まると、榎本《えのもと》武揚《たけあき》率いる旧幕府軍に参加、一八六九年の箱館戦争まで同行したジュール・ブリュネ（陸軍大尉）がその人です。

この作品の見どころは、アメリカ映画でありながら、じつに細かく日本人の心を描き出したところでしょう。舞台設定も日本で、しかも「武士道」を忠実に描き出そうとしています。

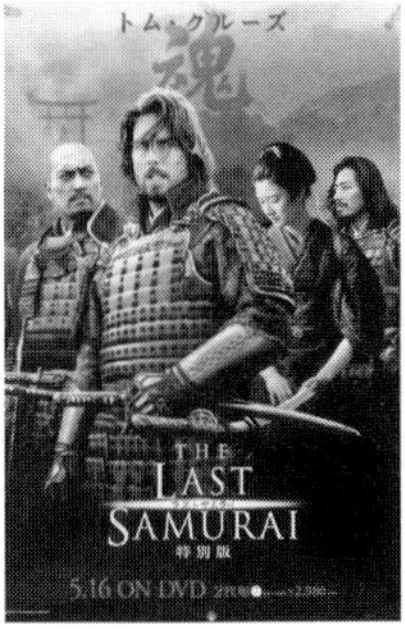

『ラスト サムライ』（エドワード・ズウィック監督、2003年）

「武士道」といえば、一八九九年に新渡戸《にとべ》稲造《いなぞう》がアメリカで出版した『武士道』が有名ですが、第二次世界大戦における日本軍のカミカゼ攻撃をはじめ、集団での万歳突撃や捕虜より自決を選ぶなど、命を軽んじるような戦い方の影響もあって、欧米ではまだまだ偏見をもたれていました。というより、彼らには理解が難しい「精神性」が壁になっていたと思います。その「武士道」がもつ「精神性」と正面から向き合って作品に挑《いど》んだ心意気に頭が下がります。しかも、日本人が描くよりも本質を浮き彫りにしたと思えるのです。

作品には多数の日本人俳優が起用されました。なかでも「勝元」役を演じた渡辺謙は、この作品でゴールデングローブ賞助演男優賞を受賞しています。渡辺の立ち居振る舞いはまさに「武士」そのもので、胸が熱くなるような感動を覚えます。さすがにこの役は日本人俳優にしか演じることはできないでしょう。

いまや日本サッカーの躍進により「サムライ・ジャパン」という言葉が世界中に広まっていますが、その言葉が意味する「武士道」をはたして私たち日本人は理解しているでしょうか。いまさら「武士道」なんて古いといわれるかもしれません。しかし、私は、目の前の壁や困難を乗り越える知恵を授けてくれる日本人の遺伝子であると信じています。

強さと、それに裏づけされた優しさ。潔《いさぎよ》さや相手への敬意。日本人の魂に宿っている精神を思い出すきっかけとなる作品です。

第3章

人生と仕事に役立つ映画

映画の力と現実世界を学んだ作品

『ニュー・シネマ・パラダイス』

一九八九年に発表されたイタリアのドラマ映画。舞台はシチリア島の僻地《へきち》にある村。ひっそりと外界から隔離されたような村で暮らす人たち。村人の唯一の楽しみは、教会と兼用した映画館で観る映画だけでした。

主人公のトトは幼いころから映画に魅了されます。

こっそりと映写室に潜り込んでは追い出されることの繰り返し。将来の夢は映写機を操作して映画を上映することでした。そんなトトに対して、映写室で十歳のときから働くアルフレードはこういいます。

『ニュー・シネマ・パラダイス』(ジュゼッペ・トルナトーレ監督、1989年)

「この仕事はクリスマスも正月も休みがない。映写室は、夏は暑いし、冬は凍えるほど寒い。こんな仕事には就《つ》くな」

それでもトトは映写機の操作を見様見真似で覚えていきます。

あるとき教会が火事で焼け落ち、新しい映画館「ニュー・シネマ・パラダイス」ができました。火事で失明したアルフレードに代わって、トトが映写技師として働くことになったのです。

やがて青年となったトトには恋人ができます。しかし、女性の両親から仲を引き裂かれ、互いに連絡さえ取れなくなります。落ち込むトトにアルフレードはいいます。

「この村を出て、広い世界で自分が歩むべき道を探せ。そして、二度とこの村には戻ってくるな」

厳しい言葉ですが、それは自分の息子のようにかわいがってきたトトに対しての優しさでした。

そうして三十年が経ち、アルフレードの葬儀のためにトトが故郷に帰ってきます。かつての「ニュー・シネマ・パラダイス」は閉館していました。ローマで映画監督として成功したトトですが、この村に帰ってきたことで記憶が蘇ります。

父親が戦死したために、家族は貧しい生活を強《し》いられていました。愛した女性とも引き裂かれました。映写技師という仕事には就けましたが、その仕事も徴兵によって失いました。そんな辛さを忘れさせてくれたのが映画でした。映画は日常の辛い世界を忘れさせてくれるもの。そんな心を共有していたアルフレードですが、かつてアルフレードはトトにこんな言葉を残していました。

「人生は、お前が観た映画とは違う。人生は、もっと困難なものだ」

映画とは夢です。スクリーンのなかには夢や希望がたくさん詰まっています。しかし、それを鵜呑《うの》みにしてはいけない。たしかに映画は心を豊かにしてくれますが、それは現実の世界とは違います。映画を通して、アルフレードがトトに伝えたかったこととは何か。いまも私はその答えを探し続けています。

『サンセット大通り』

一九五〇年のアメリカのドラマ映画。ロサンゼルスを舞台に、ハリウッドの光と影を描いた作品です。主人公は、サンセット大通りの大豪邸に住む、サイレント映画時代の栄光を忘れられない大女優です。

『サンセット大通り』(ビリー・ワイルダー監督、1950年)

女優に気に入られた売れない脚本家は、やがて一緒に住むことになりますが、女優の狂気に満ちた精神が怖くなり逃げ出そうとします。そしてやがて彼は女優から殺害されるはめに。

サイレント映画が消えるとともに、そこで活躍していた俳優の多くは消えることになったのでしょう。当時の映画は国民的な娯楽です。そんな世界での大女優ともなれば、いったいどのような暮らしをしていたのか。いまの「スター」とは桁《けた》が違う扱いだったと思います。

だからこそ、いつまでも過去の栄光にしがみつこうとする。再び女優として注目される日が必ずやってくると信じている。しかし、現実はそんなに甘くはありません。

映画が生んだ「映画スター」という存在。それはいままでの社会にはいなかった存在でしょう。映画はさまざまな職業をつくりだしました。これまでにない価値観を生み出しました。そして映画は、これまでになかった「人生」をも生み出していったのです。

『浜の朝日の嘘つきどもと』

二〇二〇年、福島中央テレビ開局五十周年の記念としてつくられたテレビドラマです。舞台は福島県南相馬市に実在する「朝日座」という映画館です。東日本大震災や新型コロナウイルスの感染拡大などの影響で、借金漬けで存続が危うくなった「朝日座」を立て直そうと奮闘する一人のアルバイト女性（高畑充希《みつき》）の姿を描いた作品です。

疲弊《ひへい》した街を元気にしようとする視点の主流、儲からない街中《まちなか》の映画館を解体し雇用を生み出すスーパー銭湯とリハビリ施設を建てようとする町民の葛藤《かっとう》を描いています。

まさにこの作品は、これから「小田原まちなか映画館」を始めようとする私にとっても、現実的な問題提起をしてくれた作品でした。

たった一つの小さなまちなか映画館。どうしてそこに、これほどたくさんの人たちが集まってくるのでしょう。何を目的として存続のために尽力するのでしょう。

まちなか映画館への思いは人それぞれです。作品が上映される場が減っていくのを恐れる製作者たち。映画館で一儲けを企《たくら》む人たち。心の故郷を失いたくないと思う人たち。映画館自体がアイデンティティとなっている人たち。なかには自分の意地のために存続させようとする人もいるでしょう。

目的はそれぞれであったとしても、誰もが映画館という場を通して、人とのつながりを求めています。まちなか映画館というのは、単に映画を上映するだけの場ではありません。そこには人々の心のつながりが生まれます。同じ空間で、同じ文化の香りを感じながら過ごす時間のなかには、映画館でしか味わえないものがあるのです。

以下、映画の一シーンより。

「映画は映画館がなくなったらダメなんだ」

「暗闇で二時間、別な世界に行けて、辛い現実から離れることができて、見終わったあとは現実に戻ることになるの

『浜の朝日の嘘つきどもと』（タナダユキ監督、2020年）

だが、もうちょっと頑張ろうと思えたり。映画なんかで腹なんか一杯にならないのだが、だが……」

「人生にそれがなかったら、なんか寂しいよね〜」

どうして私がまちなか映画館をつくりたいと思ったのか。この作品を観てくだされば、きっと共感していただけると思います。

宗教とは何かを考えさせられる映画

『セブン』

一九九五年に公開された猟奇《りょうき》殺人を描いたアメリカ映画で、定年間近の刑事サマセット（モーガン・フリーマン）と新人刑事ミルズ（ブラッド・ピット）が猟奇殺人鬼を追うというストーリーです。

『セブン』（デヴィッド・フィンチャー監督、1995年）

殺人現場には殺人鬼が残した言葉が必ずありました。一番目の殺人現場には「暴食《ぼうしょく》」という言葉が、そして二番目の現場には「強欲《ごうよく》」という言葉が。

その言葉の意味するところは、キリスト教における「七つの大罪」です。「暴食」「強欲」「怠惰《たいだ》」「色欲《しきよく》」「傲慢《ごうまん》」「嫉妬《しっと》」そして「憤怒《ふんぬ》」。これらの大罪を犯した人間たちが次々と殺されていきます。

雨のそぼ降る陰鬱《いんうつ》な街を舞台に展開される傑作スリラーで、最後に観る者の心を食い破る驚愕《きょうがく》のクライマックスが待っています。個人的には度を超えたコンプレックス・嫉妬心の怖さを痛感した映画でした。この作品から感じるのは、やはり宗教心のもつ危うさです。

信仰心は人間にとって大切なものであることは間違いありません。それが人生の支えとなり、ときに行く道を照らしてくれます。

しかし、信じる力というものは、ときに誰かを傷つける危険性をもはらんでいるのです。宗教への信仰は、ときに人々を救う力になり、ときに他者を排除する強烈な力にもなることを教えてくれました。

『ダ・ヴィンチ・コード』

二〇〇六年にアメリカで公開された映画です（原作はダン・ブラウン著）。この年に世界で公開された映画のなかで、二番目の興行収入を記録した作品です。

物語はルーヴル美術館の館長であるジャックが射殺体で発見される場面から始まります。その射殺体はダ・ヴィンチによる「ウィトルウィウス的人体図」を模した形になっていました。

ダ・ヴィンチというキーワードに引っ張られながら、この殺人事件の謎解きが始まるわけです。ちなみに撮影はルーヴル美術館で行われましたが、同美術館で映画撮影が許可されたのはこの作品が初めてでした。

劇中ではダ・ヴィンチが作品のなかに隠したとされる暗号《コード》をトム・ハンクス演じるハーバード大学教授のロバート・ラングドンが解いていきます。そこにはキリスト教の歴史を根底から覆《くつがえ》す意味が隠されているという。聖書ではイエス・キリストは生涯を独身で終えたことになっていますが、ダ・ヴィンチ・コードのなかには、イエスがマリアという女性と結婚していたことが記されています。さらにマリアはイエスの子どもを身ごもっていたとも。つまり、イエスの子孫がこの世に存在していることになるのです。

私をはじめとしてキリスト教に馴染《なじ》みの少ない日本人は一回目の鑑賞ではストーリーについていくのがやっとで、謎解きが少しできるには二、三回の鑑賞が必要でしょう。

『ダ・ヴィンチ・コード』（ロン・ハワード監督、2006年）

史実そのものは検証のしようがありませんが、この作品を通して世界中で宗教的な議論がなされました。簡単にいえば、「こんな不謹慎な映画は上映禁止にすべきだ」と主張する国が出てきたのです。たとえば、サモアでは、この作品は若者のキリスト教信仰に悪影響を及ぼすという理由から、上映が禁止されました。イエスをキリストとして認めないイスラム教国のパキスタンでも、当然のことながら上映禁止になりました。

一方で、この映画をきっかけにルーヴル美術館への関心が高まり、入場者が増えたことはいうまでもありません。

もちろんこうした宗教的な議論は映画ばかりでなく、文学や美術作品などにもあるものです。さまざまな宗教がこの地球上に存在しているわけですから、宗教論争は永遠に続くといえるでしょう。そんななかで私が感じたのは、一神教に潜《ひそ》む危うさでした。キリスト教信者にとっては、キリスト教こそが唯一の宗教であり、その他の宗教とはけっして相容《あいい》れることはできない。信じるのはイエス・キリストだけ。こうした一神教的な価値観が、ときに他の宗教への排他的行為につながっていくのだと思います。

それに比べて日本は、仏教も神道も古くから存在しており、「神仏習合《しんぶつしゅうごう》」（日本土着の神道と仏教信仰が融合し、一つの信仰体系として再構成された宗教現象）という言葉もあるくらいです。仏教を信じている人も、七五三のお祝いや初詣《はつもうで》には神社に行きます。神道を信じている人も、四国八十八カ所を巡ったりしています。また、無宗教の若者も増えているといいます。信じる宗教はあるけれど、一神教のような頑《かたく》なさはない。それが日本人の信仰心かもしれません。

また、インド仏教の祖であるブッダや、高野山を開いた空海《くうかい》、浄土真宗を広めた親鸞《しんらん》など、宗教の開祖《かいそ》に関する書籍は数多く出ています。じつは、作品のなかには、彼らを称賛するだけの内容ではないものもあります。

たとえば、親鸞上人のことをあまりもち上げないかたちで描かれた書籍を読んで、怒りをぶつける浄土真宗の信者はおそらくいないでしょう。まあ、いろいろな宗教があるのだから、いろいろな解釈があるのだろう、と私たち日本人は考えるはずです。どんな宗教を信じようが、それは人それぞれだと。だからといって、日本人に宗教心がないわけではありません。宗教心は自分自身の心のなかにもっていればいい。それを表面に出して、争いの種にする必要はない。むしろ日本人はよい教えは積極的に取り入れるという、よいとこ取りのハイブリッド型ではないか。一神教について考えさせられた作品でした。

『マルサの女2』

前年の一九八七年に公開され大ヒットとなった『マルサの女』の続編として製作された、伊丹十三監督の代表作です。

舞台となるのは一九八六年から始まったバブル景気に湧く東京。地価や株価が高騰《こうとう》を続けるなか、「地上げ屋」と呼ばれる職業が生まれ、金融機関をはじめ土木・建設・不動産・観光・ホテル・リゾートなどあらゆる業種が巨額の金に群がっていた時代です。

『マルサの女２』（伊丹十三監督、1988年）

映画のなかで国税局査察部（通称・マルサ）の標的となったのが「天の道教団」です。教団の代表である鬼沢は、宗教法人を隠れ蓑《みの》にして、風俗業などさまざまなビジネスを展開していました。そしてそれらのビジネスで得た所得を、秘密裏に宗教法人のものとして置きかえ、莫大な課税を逃れていたのです。それを見逃すまいと活躍するのがマルサの女というわけです。

宗教法人と税金の問題は、古くからグレーゾーンの部分が多くありました。もちろん信仰の自由は保証されています。しかし、その「自由」を悪用しようとする輩《やから》は後を絶ちません。おそらく今後もマルサとの攻防は続いていくでしょう。

この作品は、税金というお金の面から宗教を見た映画です。その内容は現実的でシリアスなものですが、さすが伊丹作品だけあって、観客を十分に楽しませてくれます。

戦争とは何かを問いかける映画

『プライベート・ライアン』

アメリカで一九九八年に公開された、第二次世界大戦におけるノルマンディー上陸作戦を描いた作品です（脚本をもとにマックス・アラン・コリンズにより小説化された）。

ドイツ軍との激しい戦闘の末、なんとかノルマンディーに上陸を果たしたものの、その後の戦闘でアメリカ軍の多くの兵士が犠牲になります。苦戦を強いられるなか、アメリカ陸軍参謀総長ジョージ・マーシャルのところに、ある兵士の戦死報告が届きます。そのなかにライアンという同じ名前を見つけます。彼らは四人兄弟でした。戦死者名簿に記されていたのは、長男と次男と三男の名前。さらに、末っ子の四男であるジェームズ・ライアンの生死が不明という報告も入ります。

一度に四人の息子を失う親の悲しみは想像を絶します。そこでマーシャルは命令を発します。「プライベート・ライアンはきっと生きている。彼を戦場から救い出し、本国へ帰還させよ」と。

『プライベート・ライアン』（スティーヴン・スピルバーグ監督、1998年）

「プライベート」とは、日本語に訳せば「二等兵」です。要するにたった一人の二等兵を救い出すために、八人の精鋭部隊を編成させたわけです。それは一見すると、とても非合理的な考えであるかもしれません。しかし、そんな非合理的な感情もまた、戦争の側面でもあるのです。

「どうせジェームズ・ライアンは生きてはいない。どうして彼のせいで俺たちが危険に晒《さら》されなくてはいけないんだ」と部隊の一人はいいます。部隊を率いるミラー大尉（トム・ハンクス）もまた、そんなことはわかっているが、こう答えるしかありません。「それが命令だからだ」。たとえ理不尽な命令だとしても、上司の命令には従わなくてはいけない。それが生きるか死ぬかという戦場での掟《おきて》なのです。

スクリーンのなかでは弾丸が飛び交い、弾が命中した兵士からは、腕や足が飛び散っていく。波打ち際には多くの兵士の遺体が寄せられ、海が赤く染まっています。まさに地獄絵図です。映画だとわかっていても、その映像には思わず目をそむけたくなります。そういう意味でもこの作品は、戦争という地獄を真正面から描き出しているのです。

『ダンケルク』

二〇一七年に公開された作品です（クリストファー・ノーラン監督・脚本・製作）。舞台は第二次世界大戦初期の一九四〇年。イギリス、ベルギー、カナダ、フランスから成る連合国軍の部隊は、進攻してきたドイツ軍に応戦していました。しかし、勢いあるドイツ軍の猛攻に劣勢となり、やがて四十万人の連合国軍兵士はフランスのダンケルク海岸に追い詰められる事態になりました。このままでは全滅しかねない。そこで史上最大規模の脱出作戦（ダイナモ作戦）が開始されたのです。

この作品で特徴的なのは、陸軍、海軍、そして空軍のそれぞれがフォーカスされていることです。これまでの戦争映画のほとんどは、陸海空いずれかの軍隊に焦点が当てられていました。実際の戦争は陸海空の総力戦で繰り広げられているのですが、予算や撮影スケジュール等の制約もあるからか、映画で描くのはそのどれかに焦点を当てています。しかし、この作品は、陸海空の三つの視点から描いており、これまでの戦争映画には見られない壮大なスケールを感じさせてくれます。

フランスからイギリスへ海を渡る救出作戦には、九日間に八百六十隻の船舶が急遽《きゅうきょ》手配されました。その船舶とは貨物船から漁船、遊覧船、ヨットまでじつにさまざま。命の危険をものともしない民間人たちの力で、イギリス軍約十九万名、フランス軍約十四万名が無事救出されたのです。まさに市民ぐるみの闘いには感動を覚えました。

『ダンケルク』（クリストファー・ノーラン監督、2017年）

また、敵となるドイツ軍が、スクリーンのなかにはいっさい登場しません。姿が見えないことで、救出を待つ連合国軍の恐怖はどんどん高まっていきます。戦場には必ず相手の姿があるものです。しかし、この映画は、「姿が見えない敵」の存在を描くことで、戦場における恐怖とは何かを伝えようとしているのです。それは、目前に迫る敵だけではありません。自分自身の内面にも見えない敵の姿がはっきりと映っている。ほんとうの恐怖とは、相手の姿が見えないことなのかもしれません。

全編を通して、自分がその場にいるような臨場感あふれる映像の迫力に加え、戦場における音にも圧倒されました。

日本ではあまり知られていない、ダンケルクの壮絶な闘いを、これまでとは違った手法で見せてくれた作品です。

『アメリカン・スナイパー』

二〇一四年にアメリカで公開された作品です。もともとはイラク戦争に四度従軍したクリス・カイルの自伝『ネイビー・シールズ最強の狙撃手』（原書房）を映画化したものです。日本では翌二〇一五年に公開されましたが、その宣伝に使われたコピーは「米軍史上最多、160人を射殺した、ひとりの優しい父親」でした。そうです、映画の主人公はスナイパーなのです。

『アメリカン・スナイパー』（クリント・イーストウッド監督、2014年）

狙撃兵としてたぐいまれな才能を開花させた主人公のカイルは、軍隊のなかでは「伝説（レジェンド）」と称されていました。スナイパーの役割とは、敵地に攻め入る歩兵たちを、敵の攻撃から守ること。敵が攻撃してくるよりも先に、敵を狙撃する。つまりは、歩兵部隊が攻め入る戦場には必ずスナイパーたちがいるのです。

カイルが敵を狙撃してくれたおかげで、命拾いした兵士は数多くいました。彼らは感謝の意味も込めて「レジェンド」と呼んでいたのです。そんなカイルですが、従軍を終えてアメリカに帰れば、一人の夫であり父親でもあります。そこには戦場とはかけ離れた平和な世界が広がっていました。

ところが、戦場で百六十人もの敵を射殺してきたカイルにとって、普通の生活に戻るのは大変なことでした。妻のタヤは、早くカイルに人間らしさを取り戻してもらいたいと願うばかりでした。カイルにかぎらず、戦場から戻った兵士の多くは、心に傷を負い、深いトラウマに悩んでいたことがわかります。

戦場では敵の兵士を殺せば英雄です。しかし、帰還した世界では、それは殺人と呼ばれる。この大きな精神的なギャップに耐えられる人間などいないでしょう。これまで生きてきた価値観を否定されたり、穏やかだった精神を破壊されたりする。戦争の真の恐ろしさは、そこにあるのです。

この作品が公開されると、さまざまな論争が起こりました。「味方兵士を守ったスナイパーは、まさに英雄と称されるにふさわしい」という意見がある一方で、「スナイパーというのは、背後から人間を撃つ卑怯者だ」と反論する人もいました。もちろんこの論争に答えなどないでしょう。

カイルは英雄なのか殺人者なのか。スナイパーの存在は正義か悪か。それを論じることは不毛だと私は考えています。スナイパーの賛否を語るのではなく、本来は戦争の賛否を問わなくてはならない。はたして「正義の戦争」などというものがあるのだろうか。この作品を観た後で、ふとそんなことを考えました。

真の友情を感じさせてくれる映画

『スタンド・バイ・ミー』

一九八六年に公開されたアメリカの青春ドラマです。主題歌が世界的にヒットしたこともあり、日本でも青春映画の代表作として知られています。

原作はスティーヴン・キングの小説で、一九五〇年代の小さな街に住む四人の少年たちのひと夏の冒険を描いています。

行方不明になっている少年が列車に轢《ひ》かれて死亡したという噂を聞いた四人は、少年の遺体を探そうと旅に出ます。好奇心旺盛な年ごろならば、誰もが考えそうな冒険です。そんな少年時代のひと夏の冒険と友情を、大人になって作家となったゴードンが思い出として語っているのです。

少年時代は、互いに本気でぶつかり合うことが、さらにその友情を深めてくれたりするものです。そこに余計な配慮や計算などはなく、ただただ純粋にお互いが向き合っている。そんな関係は大人になってから生まれることはまずありません。

大人たちが「今日は酒を酌《く》み交わしながら本音で話そう」といったとしても、現実はそうはなりません。ほんとうに本音をさらけだしたら、人間関係はたちまち壊れてしまうからです。純粋な心をぶつけ合うことができるのは、大人になりきっていない少年時代だけなのです。

私もときどき小学校時代や中学校時代の友人と会うことがあります。初めのうちは多少の遠慮もありますが、すぐに昔の気持ちが戻ってきます。互いに歩んできた道はまったく違っても、あっという間にタイムスリップして、当時のあだ名で呼び合うようになります。あのときの純粋な心を思い出すことで、年を重ねた大人同士であることを忘れさせてくれる時間が生まれるのです。

『スタンド・バイ・ミー』（ロブ・ライナー監督、1986年）

実際に会うことがなくても、ふと昔の友人たちを思い出すことがあります。その瞬間、得もいわれぬ懐かしさが蘇ってきます。いま、あの人はどうしているだろうか。まだ元気に働いているだろうか。孫に囲まれて幸せな生活を送っているのかな。

松下幸之助翁は、サムエル・ウルマンの「青春の詩」を愛読し、「青春とは心の若さである」という言葉を座右の銘《めい》にしていたそうですが、私は青春とは純粋な心そのものであり、どんなに年を取っても心の片隅にもち続けることが大切だと信じています。そう、青春とはけっして色褪《あ》せない永遠の真理なのです。

『ショーシャンクの空に』

この作品の原作もスティーヴン・キングの小説で、一九九四年に公開されたアメリカ映画です。三十年近く経ったいまでも世界中の映画ファンから愛されており、何度観ても爽やかな感動が訪れるすばらしい作品です。

『ショーシャンクの空に』（フランク・ダラボン監督、1994年）

若くして銀行の副頭取を務めるエリートのアンディ（ティム・ロビンス）が主人公です。妻の浮気を知ったアンディは、妻と浮気相手を射殺した罪で刑務所に収監されてしまいますが、それは冤罪《えんざい》でした。無実の身でありながら終身刑を言い渡されたアンディと長年ショーシャンクの刑務所に入っている囚人レッド（モーガン・フリーマン）の友情を軸に、アンディが巻き起こす刑務所内でのいろいろな奇跡が描かれ、あたかも救世主としてキリストのような存在になっているのです。

たとえば、①真夏に屋根の修理をしたとき、褒美《ほうび》として囚人仲間全員にビールをご馳走し、共同仕事の労を分け合った。②整理仕事のなかで見つけた放送禁止のモーツァルト作曲の『フィガロの結婚』のレコードを大きな音量で刑務所内に流し、安らぎと感動を共有した。③刑務所内で上映された映画『ギルダ』の主演女優リタ・ヘイワースは一九四〇年代のセックス・シンボルとして人気を博したのですが、その彼女のポスターを独房のなかに貼り、希望と欲望隠しを演じた。

終身刑の身でもけっして希望を捨てることをしないアンディは、刑務所内で親しくなったレッドにも夢をもち続けることの大切さを説きます。

「必死に生きるか、必死に死ぬか、俺は生きるぞ」

「いつか私は南の海に住み、そこで悠々自適《ゆうゆうじてき》の暮らしをする。一緒にそんな生活をしないか」

レッドはその言葉を信じることができませんでしたが、やがてアンディはみごとに夢を実現します。そして、仮釈放になったレッドが、ついにアンディが暮らす家に辿《たど》りつくというストーリーです。

刑務所という特殊な環境のなかでも友情は生まれるのか。私には想像できませんが、きっといかなる場所や環境のなかでも、友情は芽生えるものなのかもしれません。不思議な友情が生まれることもあるでしょう。友情というつながりとは、いったい何なのでしょう。その場所でしか生まれない友情もあるでしょう。生まれてはすぐに消えてしまう友情もあるでしょう。それが人間の社会というものなのかもしれません。

この作品は、刑務所という舞台にもかかわらず、暗さや苦しさは感じられません。憎たらしく見える看守たちですが、人間らしさを垣間《かいま》見るシーンもあります。アンディとレッドの友情が、刑務所という閉鎖された空間にさえ、自由と希望の空気を送り込んだのです。

『フォレスト・ガンプ／一期一会』

一九九四年公開のアメリカ映画。原作の小説は一九八六年に出版されています（ウィンストン・グルーム著）。

『フォレスト・ガンプ／一期一会』（ロバート・ゼメキス監督、1994年）

主人公のフォレストは、普通の子どもよりも知能指数が低く、足に装具をつけなければ歩くことができませんでした。小学校ではかっこうのいじめの対象となったフォレストは、いつもいじめっ子から逃げ回る日々です。ところが、夢中で逃げ回っていることで、フォレストの足はどんどん速くなっていきました。装具も必要がなくなり、誰よりも速く走れるようになったのです。

足の速さが幸いして、フォレストはアラバマ大学に入学し、アメリカンフットボールチームに入ります。大学でも活躍したフォレストは、卒業後は陸軍に入隊します。考えることをしなくても、ただ命令に従っていればいい。そんな環境がフォレストにはぴったりで、陸軍のなかでも評価されるようになりました。軍隊で友だちになったのがバッバ。フォレストにとっては大切な友でしたが、やがてバッバは戦場で斃《たお》れることになりました。

どんな状況にいても、フォレストは大切に想う友だちに対して、いつも全身全霊で接してきました。いちばんに考えるのは相手のことでした。そんなフォレストの心に、周りの人たちは引きつけられ、深い感動を覚えるのです。

ほんとうの友情とは何か。相手を想う気持ちとはどのようなものなのか。この作品のなかには、友情の答えが散りばめられているような気がします。

医療の問題を突きつける作品

『カッコーの巣の上で』

一九六二年に発表された同名小説（ケン・キージー著）を一九七五年に映画化した作品です。主人公のマクマーフィーは、刑務所の強制労働から逃れるために、精神疾患《しっかん》を装《よそお》います。精神病であることが認められれば、刑務所ではなく精神病院に入院できるためです。病院ですから強制労働はありません。

うまく精神病院に入ったマクマーフィーは、治療の成果次第では簡単に退院できると思っていました。しかし、精神病院は刑期など関係ありません。病院の医師や看護師次第で、何年でも入院させておくことができるのです。

『カッコーの巣の上で』（ミロス・フォアマン監督、1975年）

精神病院に入れられると、多くの患者は電気けいれん療法なるものを受けさせられます。脳に電気刺激を施《ほどこ》すことで、まるで廃人のように大人しくなる。病院のスタッフの言いなりにするための療法です。やがて患者たちからは前向きに生きる意欲が失われていきます。それは人間的とはとても言い難いものでした。こうした病院のやり方に反発を感じたマクマーフィーは、仲間たちの自由のために闘いを挑みます。

まだ精神病の研究が進んでいなかった時代です。一口に精神疾患といっても、その原因はさまざまですが、医療先進国といわれるアメリカでも、一九六〇年代の時点では詳しい原因は解明されていませんでした。そのため有効な治療法もなく、とにかく精神病患者は社会から隔離《かくり》しておけばいい、という考え方だったのです。

考えてみれば、そこは刑務所以上に恐ろしい場所です。一度精神病院に入れられると、無期懲役と同じような処遇となる。しかも、人間の尊厳も奪われてしまう。いまでは考えられませんが、そんな時代が確かにあったのです。この映画は、精神疾患医療に対する疑問を真正面から問いかけた作品だといえるでしょう。

『赤ひげ』

一九六五年に公開された日本映画で、原作は山本周五郎の『赤ひげ診療譚《たん》』（新潮文庫）です。江戸時代の後期、徳川幕府が設立した小石川養生所を舞台に、老医師の「赤ひげ」とオランダ医学を修めて帰ってきた若手医師の物語です。主人公の「赤ひげ」を演じるのは三船敏郎、青年医師を演じたのが加山雄三でした。当時の日本映画を代表する二人の共演です。

「医術といっても、あらゆる病気を治すことなどできない。医術の不足を補うのは、貧困と無知に対する闘いである」と老医師は諭《さと》します。つまり、貧困と無知こそが病の大敵であると。

『赤ひげ』（黒澤明監督、1965年）

その言葉を実践するかのように、赤ひげは金持ちや社会的地位の高い患者からは法外な治療費を取ります。そしてその治療費を最下層の人たちの薬代にあてるのです。お金がたくさんあり、社会的地位の高い人はよい治療を受けることができ、貧しい人々は満足な治療を受けることができない。けっしてそういう社会であってはならないと老医師は考えているのです。まさにこれこそが医療の原点ともいえるでしょう。

「医は仁術《じんじゅつ》なり」。この言葉を改めて思い出させてくれる映画です。

『孤高のメス』

現役医師である大鐘稔彦《おおがねとしひこ》のベストセラー小説（シリーズ全十三作、幻冬舎文庫）が原作で、二〇一〇年に映画化されました。

孤高の外科医・当麻鉄彦（堤真一）は、ある地方都市の民間病院へと赴任します。その病院は大学病院の関連病院でもあるため、何かというと治療方針などに大学病院が口を挟んできます。大学からの圧力や確執《かくしつ》、しがらみと闘いながら孤軍奮闘する当麻の姿が描かれています。

ある日、当麻に大きな選択を迫られるときがきました。それは病で倒れた市長を救うため、脳死患者からの肝臓移植手術を行うか否かという決断です。それはまだ法律では認められていない手術でした。しかし法律を遵守すれば、目の前の患者を救えなくなる。実行すれば、当麻にとって大きなリスクとなります。そんなことは百も承知でした。それでも当麻は、助けられる命に手を差し伸べようとするのです。

『孤高のメス』（成島出監督、2010年）

医師としての仕事とは何なのか。医師としての役割とは何なのか。医師であってもひとりの人間。感情と理性が常にせめぎ合っているでしょう。個としての生き方もあれば、組織を守らなくてはならないこともある。そして常に医師は問いかけられています。「これは善なのか悪なのか」と。

いつの時代にもある医療への問いかけ。常に自問自答を繰り返す医師たち。そんな姿が露《あら》わになる作品だと思います。

死について思いを巡らせる映画

『死ぬまでにしたい10のこと』

二〇〇三年に公開されたカナダ・スペイン合作の映画。何気ない日常を生きていた主人公のアンは、ある日突然腹痛に襲われます。病院での検査結果、すでにガンが全身に転移しており、余命二カ月の宣告を受けます。

まだ二十三歳という若さ。二人の幼い娘もいます。その事実を簡単には受け入れることなどできません。

『死ぬまでにしたい10のこと』（イザベル・コイシェ監督、2003年）

余命宣告を受けたアンは、これまでの人生を振り返らざるを得ませんでした。たしかにいまは幸福な日々を過ごしています。でも考えてみれば、家族の世話をするだけで時間は過ぎていきます。自分がほんとうにやりたかったこと、やってみたかったことを思うとき、それらがまるで叶っていなかったことに気がつきました。

自分の命はあと二カ月しかない。その二カ月を無駄にしたくない。せめて後悔しないような時間を過ごしたい。そう思ったアンは「死ぬまでにしたいこと」をノートに書きだします。それはちょうど十項目になりました。そしてそれを実行していく姿が描かれている作品です。

もしも自分の人生に残されている時間が少ないことを知ったとき、私たちの頭にはどのようなことが浮かんでくるのでしょうか。やはりアンと同じように、これまでの人生でやれなかったことを数えるのだと思います。たくさんの夢をもちながら、それらを叶えることができた人はほんの一握りでしょう。ほとんどの人たちは、人生でやり残したことをいくつも抱えながら死んでいくのだと思います。「やりたかったのにやれなかったこと」ばかりを数えながら死んでいくのかもしれません。

この作品が教えてくれるのは、後悔のない人生などありえないということ。たとえ何度生まれ変わろうが、すべてをやりつくせる人生などないのだと私は思いました。「死ぬまでにしたいこと」をやりながら、やがてアンは気づいていきます。「ほんとうに大切なものとは、何気ない日々のなかに埋まっている」ことを。

もしも後悔のない人生があるとしたら、それはいまという時間を大切に生きること。その積み重ねのなかにあるのだと思います。

『おくりびと』

二〇〇八年に公開された日本映画。主人公の小林大悟（本木雅弘）はプロのチェロ奏者でした。ところがある日突然、所属していた楽団が解散し、職を失います。夢を諦めた大悟は、妻（広末涼子）とともに田舎に帰ります。とにかく仕事を探さなくてはなりません。

新聞の求人広告を見ていると、「旅のお手伝い」という仕事に目が留まります。どうやら冠婚葬祭関係の仕事らしい。具体的な内容はわからないけれど、高給にひかれて就職することを決めます。

その仕事は「納棺師《のうかんし》」。亡くなった人の身体をきれいに清め、死装束《しにしょうぞく》に着せ替え、死化粧を施して棺《ひつぎ》に納める儀式（納棺の儀）を執《と》り行うというものでした。なくてはならない仕事ですが、それは想像以上に厳しいものだったのです。初めての現場では、孤独死をした老人の遺体処理。大悟はこの仕事の厳しさを思い知らされました。

『おくりびと』（滝田洋二郎監督、2008年）

さらに妻からは「そんな汚《けが》らわしい仕事はやめて」といわれます。周りからも偏見の目で見られることもありました。それでも大悟は、この仕事の尊さに気がついていくのです。

人の死を扱う仕事。それはときに忌《い》み嫌われることもあります。しかし、よく考えれば、人はみんな死を迎えます。死なない人間などこの世にはいません。誰もがそんなことはわかっているのに、なぜか死を忌み嫌うことがある。きっとそれは、できるだけ死というものを日常から遠ざけたいからでしょう。死から目を背《そむ》け、見ないように目をつむっている。ほんとうにそれでいいのですか。この作品はそう問いかけているようです。生きることと死ぬことは、人間の裏表などではなく、それらは一つのことなのです。

第4章

英国映画協会が選んだ史上最高の映画

英国映画協会（ＢＦＩ）は、一九三三年にイギリス国内の映画促進を目的として設立された歴史と伝統のある組織です。ここが発行している『サイト・アンド・サウンド』（Sight & Sound）という映画専門誌が、一九五二年より十年に一度、過去に公開された全映画作品のランキング（「史上最高の映画１００」）を発表しています。このランキングは世界の著名な映画批評家や評論家、研究者、そして映画監督など千人以上の投票で決まるため、世界で最も権威があり、信頼性が高いものといわれています。

直近のランキングは二〇二二年版で、日本映画では小津安二郎監督の『**東京物語**』が四位（邦画では最高位）に選ばれて話題となりました。

そこで、この章では、過去五十年間にたびたびベスト10入りしている作品、すなわち世界中で愛されている名作を紹介します。

英国映画協会「史上最高の映画100」より
（1992年～2022年版、数字は順位）

映画題名	2022		2012		2002		1992	
	批評家	監督	批評家	監督	批評家	監督	批評家	監督
市民ケーン	3	2	2	2	1	1	1	1
めまい	2	6	1	7	2	6	4	6
ゲームの規則			4		3	9	2	
東京物語	4	4	3	1	5		3	
8 1/2		6	10	4	9	3		2
2001年宇宙の旅	6	1	6	2	6		10	
戦艦ポチョムキン			11		7		6	
ゴッドファーザー	12	3		7				6
ゴッドファーザーPART Ⅱ					4	2		9
自転車泥棒				10		6		
ジャンヌ・ディエルマン、ブリュッセル1080、コメルス河畔通り23番地	1	4						
裁かるゝジャンヌ			9				6	10
レイジング・ブル						6		2
アタラント号			12				6	5
七人の侍					11	9		10
捜索者			7		11		5	
雨に唄えば	10				9			
サンライズ	11		5		7			
花様年華	5	9						
仮面 ペルソナ		9						
アラビアのロレンス						4		
道								4
タクシードライバー		12		5				
博士の異常な愛情						5		
地獄の黙示録				6				
カメラを持った男	9		8					
大地のうた							6	
モダン・タイムス								6
美しき仕事	7							
鏡		8		9				
羅生門						9		10
マルホランド・ドライブ	8							
クローズ・アップ		9						

『めまい』ヒッチコック監督らしいスリリングな展開

　一九五八年に公開されたアメリカのサスペンス映画。監督は、かのアルフレッド・ヒッチコックです。

「スコティ」ことジョン・ファーガソン刑事は、ある事件をきっかけにして、高所恐怖症に陥《おちい》ってしまいます。高い所に登ると、強いめまいに襲われるという症状です。この「めまい」の症状をカギとして、さまざまな出来事がファーガソンの身の回りに起きます。

　あるとき、めまいが原因で警察を辞めたファーガソンのもとへ学生時代の友人が現れ、助けを求められます。友人によると、妻の身に霊がとりついており、自殺願望をもつ妻を見張っていてくれということでした。

『めまい』(アルフレッド・ヒッチコック監督、1958年)

　単純なホラー映画かと思いきや、二転三転し、中盤からは一気にミステリーとサスペンスの様相を呈《てい》してきます。そして最後にはラブロマンスへと展開していく。主人公もヒーローから悪女に魅了され落ちていく。

　さすがヒッチコック作品というだけあって、そう簡単には終盤の予測はさせてもらえません。ともかく最後のワンシーンまでどんでん返しがあるというスリリングな作品なのです。

またこの作品にはそれまでになかったカメラワークが試みられています。ファーガソンがめまいを起こしたときの映像。高所から下を覗きこんだときに目がぐるぐると回るシーン。周りの人物までもが回っているかのようなカメラワーク。これは「めまいショット」と呼ばれるようになり、後の映画作品に大きな影響をもたらしました。スピルバーグやデ・パルマといった名監督もこのカメラワークを取り入れています。

初めは霊がとりつくという設定から、サスペンスの要素が色濃くなり、観た後には愛するということの切なさまでをも感じさせてくれる。見ごたえのある作品です。

『市民ケーン』映画史上最高の傑作といわれる作品

一九四一年にまだ二十五歳のオーソン・ウェルズが初めてメガホンをとり、自ら主役も務めたアメリカ映画です。

この映画がつまらないという方もいますが、当時としては斬新な撮影手法を駆使して、絶対的な時間の概念を否定し去ったのは科学ではアインシュタイン、映画ではオーソン・ウェルズといわれたほどです。

奥行きの深い構図をつくるパンフォーカス技法、長回しによるワンシーン＝ワンショット演出、ローアングル技法、超クローズアップ、ストーリーの時間的配列を解体し縦横無尽《じゅうおうむじん》のさまざまな視点からの回想形式は、いま観てもすばらしいの一言に尽きます。

かつて三十七社もの新聞社と二つのラジオ局を傘下に収めた新聞王チャールズ・フォスター・ケーンの生涯を描いた映画です。

ひょんなことから両親から多額の遺産を相続したケーンは、買収した新聞社の経営に乗り出します。彼のセンセーショナルな手法が当たり、新聞の部数はどんどん拡大していきました。さらに勢いに乗るケーンは、時の大統領の姪《めい》と結婚。ニューヨーク州の知事選に出馬し、政治家としての活動も広げようとしました。ところが、投票直前に歌手を目指すスーザンという女性との不倫が発覚し、それが原因で政治家への進出は閉ざされました。

『市民ケーン』（オーソン・ウェルズ監督、1941年）

すっかり妻への愛情が薄れていたケーンは、妻と離婚をしてスーザンと再婚。そしてスーザンのためにと巨大なオペラハウスまでも建設します。三流歌手であるスーザンのための舞台をつくったのです。

そして最後には郊外に荘厳な大邸宅をスーザンと暮らす

ったためにまた建築し、「ザナドゥ城」と呼ばれました。やがてスーザンは城を出て行き、ケーンはたった独り広大な城に残されることになります。そして孤独のなかで誰にも看取られずに死んでいきました。

人生とはもしかしたら、得るものと失うものとのバランスが決まっているのかもしれません。少ないものしか得ることのできなかった人生。しかし、その人生には失ったものも少なかったかもしれません。一方、多くの富や名声を手に入れた人生は、その裏側で多くのものを失っているのかもしれません。

経済的にも社会的にも、そして表面的な愛情をも、ケーンは手に入れました。しかし、人生を閉じるときには、それらのすべてを失っていた。ケーンに残されていたのは「孤独」という置き土産だけだったのです。

この映画は、一見すると成功者の華やかで数奇な人生を描いた作品です。しかし、じつは観る者に、人生の成功とは何か、人間にとってほんとうの幸福とは何かを問いかけている作品だと思います。

たとえば、最初の妻エミリーとの朝食シーン。新婚当初の二人は仲よく隣同士に座り、質素な洋服を着て、質素な食事ですが、会話を楽しんでいます。ところが、年を重ねるごとに彼らの服装や食事はリッチになっていくのですが、座る位置はテーブルの端と端。会話もまったくありません。その約二分のシーンは深く印象に残ります。

人生の目標は人それぞれです。誰もが自分の目標や生きる意味を有しています。それらの目標を達成できる人間もいれば、願いが叶わないまま生涯を閉じる人間もいる。でも、その両者はけっして比較できるものではありません。どちらが幸福で、どちらの人生が不幸なのか。そこには正解などないのでしょう。

この映画の底辺に流れているのは、一般のアメリカ人がいわゆるアメリカンドリームをつかむ話です。しかし、夢の実現と引き換えに大切な家族や友人を失っていく。それだけではなく、多くの人を敵に回してしまうという結末ともいえます。

ケーンは息を引き取る間際に「バラのつぼみ」(rosebud)という言葉を残してこの世を去りました。この謎の言葉を解き明かしていくなかでストーリーが展開していきます。そのストーリーの面白さと、人生の奥深さが交差したみごとな作品です。

『東京物語』国境を越えて人間の真実を伝える

一九五三年に公開された、小津安二郎監督の名作です。主演は笠《りゅう》智《ち》衆《しゅう》と原節子で、いまもなお「日本映画を代表する名作」と称されています。

尾道《おのみち》で暮らす周吉（笠智衆）は、妻と一緒に東京へ出かけることに。その目的は東京で暮らす子どもたちに会うためでした。東京には町医者として働く長男一家と美容室を営む長女がいます。身体が動くうちに子どもたちに会っておきたい。そんな思いで東京行きを決めたのです。

当時、広島から東京までは、汽車に揺られてほぼ一日かかります。そう簡単に行けるものではありませんでした。それでも二人は、大きな荷物を抱えて東京へと向かうのです。

東京に着いた二人は、長男の家に厄介《やっかい》になることにします。長男は両親を東京見物に連れていきたいと考えていましたが、出かける間際になって急患が入ります。仕方なく二人は家のなかで過ごすことになります。長女もまた忙しく、両親の面倒を見る暇はありません。

そこで、戦争で亡くなった次男の嫁（原節子）に東京案内を託します。実の子どもたちは仕事優先で忙しく、両親を厄介払いしようとする。しかし、他人である次男の嫁だけは仕事を休み、義理の両親の世話を焼くのです。その優しさに二人には熱いものがこみあげます。

『東京物語』（小津安二郎監督、1953年）

その後、長男・長女がお金を出して熱海に行きますが、落ち着かない宿だったため、二人は疲れてしまいます。

「明日、尾道に帰ろうか」

二人は、どちらからともなくそういいます。「もっとゆっくりしていけばいいのに」という長男の言葉を背に、二人は尾道へと帰っていきます。

二人にとって、この東京旅行はどのようなものだったのでしょうか。わが子に会いたいという思いは、親であるかぎりいつも心のなかにあります。どんなに立派になろうが、思い出すのはわが子の幼かったときのことばかり。わが子に対する愛情は薄れることはないのです。

しかし、子どものほうからみれば、その思いは少し変わってくるものです。もちろん両親に対する感謝の気持ちはありますし、元気でいてくれることを願っています。でも、自分たちには自分たちの暮らしがある。自分たちが育んできた日常のなかには、たとえ親でも受け入れられない部分はあるものです。この親子の間に生まれる微妙な距離感から生ずる戸惑いや葛藤は世界共通です。きっとそれが『**東京物語**』が世界的に評価される理由だと思います。

尾道に帰って間もなく、周吉の妻が病に冒されます。「母危篤《きとく》」という電報を受け取った子どもたちと次男の嫁は東京から駆けつけます。母は夫と子どもたちに看取られながら息を引き取ります。葬儀が済むと、子どもたちはそそくさと帰っていきました。数日家に残ってくれたのは、戦死した次男の嫁だけでした。

この物語は、一つの家族を描いたものです。誰にも訪れる老いと死、人間の一生、親子の愛情の難しさを冷徹に描いている。しかし、この作品で描きたかったのは、じつは夫婦だったのではないかと私は思っています。

まだ「夫唱婦随《ふしょうふずい》」という言葉が色濃く残っていた時代。妻は夫から半歩下がってついていきます。妻のもつ重たい荷を夫がもつこともせず、妻の小さな失敗をなじったりもする。妻がよろけても手を貸そうともしない。それが当たり前の時代でした。

しかし、それは、けっして妻のことを愛していないからではありません。「夫」と「妻」、「男」と「女」というものにとらわれていたにすぎないのです。

妻が亡くなったとき、周吉はぼそりといいます。

「こんなことになるんだったら、もう少しやさしくしてやっていればよかったなあ」

妻への精一杯の感謝の言葉だったと思います。

妻が息を引き取った朝、周吉は庭で朝日を眺めながらこういいます。

「美しい夜明けだな。今日も暑くなりそうだな」

きっと周吉には、半歩後ろに静かに佇《たたず》む妻の姿が見えていたのでしょう。

『**ベルリン・天使の詩**』などで有名なドイツのヴィム・ヴェンダース監督は、小津監督を敬愛していますが、この映画についてこう述べています。

「小津の作品はもっとも日本的だが、国境を越え理解される。私は彼の映画に世界中のすべての家族を見る。私の父を、母を、弟を、私自身を見る……小津の映像は二十世紀の人間の真実を伝える。われわれはそこに自分自身の姿を見、自分について多くのことを知る」

この映画で主演を務めた原節子は、一九三六年から一九四〇年までの年代別ブロマイド売上男女総合一位であり、日本を代表する女優で「永遠の処女」といわれましたが、一九六三年十二月十二日、小津監督が還暦の誕生日に亡くなり、その通夜に出席したのを最後に女優業を事実上引退し、以降表舞台には一切姿を見せなくなりました。それから五十年余り、公の場にほとんど姿を見せないという謎に包まれた人生を過ごし、二〇一五年九月五日、肺炎のため神奈川県内の病院で九十五歳の生涯を閉じました。

「茅ヶ崎館」に掲げられた小津安二郎監督（左）の写真

「原さんはきれいなだけでなく、演技も上手でした。ほとんどNGも出しません。めったなことでは俳優を褒めなかった小津先生が、『あの子はウマいね』とおっしゃっていたのですから、相当なもんです」（笠智衆談）

ちなみに、小津監督が『東京物語』をはじめ数々の名作の脚本を執筆した定宿は一八九九年創業の「茅ヶ崎館」で、国指定の登録有形文化財になっています。小津監督は自分で酒の肴《さかな》を料理して来客をもてなすのがお得意でした。なかでも煮詰まったすき焼きにカレー粉をまぶした「カレーすき焼き」は最上級のサービスでしたが、親しい客人のみしか口にできなかったそうです。

また、茅ヶ崎市を映画のまちとして盛り上げようと、二〇一二年より「茅ヶ崎映画祭」が「茅ヶ崎館」にて開催されています。実行委員長は「茅ヶ崎館」の五代目館主である森浩章さんが務めています。

『雨に唄えば』ミュージカル映画史上最高の作品

一九五三年にアメリカで公開されたミュージカル映画の傑作。ちょうど、サイレント映画からトーキー映画に移る時代に、ハリウッドをコメディを交えて描いた映画で、多くの評論家から「ミュージカル映画史上最高の作品」と称されています。

主演のジーン・ケリーが、土砂降りの雨のなかでタップダンスを踊るシーンは、映画史に残る名シーンといわれています。映画を観たことのない人でも、きっとこのシーンは何かで観たことがあると思います。雨が降りしきる街のなかで、傘もささずに楽しそうに踊るあのシーンです。

物語の舞台は、無声映画からトーキーに移り始めたころのハリウッドです。それまでの映画は無声、つまり役者が台詞をいうことはありませんでした。ただ監督の指示に従って演技をしていればよかったわけです。ところが、トーキー時代になれば、そういうわけにもいきません。役者は台詞をしっかりと覚えて、その台詞に感情を乗せていかなくてはならない。そこで問題となってきたのが、俳優や女優たちの声や話し方でした。

俳優のドンと人気女優のリナ。すさまじい人気を博していた二人ですが、じつはリナの話し方と声に大きな問題がありました。姿は美しくとも、リナが話す台詞はつたなく、声も美しいとはけっしていえません。そこで映画会社が考え出したのが、二人の映画をミュージカルにして、しかもリナの吹き替えを用意するという作戦でした。ないがしろにされたリナは怒りを爆発させる。まあ、ストーリーとしては単純なもので、作品全体はコミカルに描かれています。

『雨に唄えば』(ジーン・ケリー／スタンリー・ドーネン監督、1953年)

私も若かりしころにこの作品と出合いました。当時の日本では、ミュージカルという分野はまだ広く知られていませんでした。歌って踊るということさえも、日常の世界にはなかった時代です。当時の日本の踊りといえば「日本舞踊」か「盆踊り」くらいのものでした。

そんな環境のなかで観たアメリカ発のミュージカルは、とても新鮮に映ったものです。スピーディーなタップダンス。楽しそうに歌う演者たち。観ているうちに、こちらの身体も動き出すような感覚を覚えたものです。

いまではダンスはすっかり日常となりました。小学校ではダンスの授業も取り入れられるようになりました。さらに「ブレイクダンス（ブレイキン）」は二〇二四年パリ五輪の実施種目にまでなったのです。『**雨に唄えば**』が日本に上陸したときとはまさに隔世《かくせい》の感があります。

「映画とは人々を心から楽しませるもの」……ハリウッドの根本精神はそこにあるのだと思います。

もちろん人間の悲しみや醜さを追求した作品もあるでしょう。すばらしいドキュメンタリー作品もたくさんあります。すべてが文化であり芸術だと思いますが、やはり映画とは人の心をワクワクさせるもの。そんなハリウッド精神を表した作品の一つであることは間違いないでしょう。

アイドルグループＡＫＢ48の元メンバーで女優の前田敦子さんは、この映画を生涯のベスト映画だといっています。何回観ても色褪せないで、いろいろなシーンが浮かんで、また観たくなるそうです。

『戦艦ポチョムキン』サイレント映画の面白さと難しさ

一九二五年に製作されたソビエト連邦（当時）のサイレント映画で、第一次ロシア革命二十周年記念として製作された作品です。

一九〇五年に起きた戦艦ポチョムキンの反乱を描いたものです。実際には映画ほど激しくはありませんでしたが、支配者側に反旗を翻した乗組員たちの信念は観る人の心を打つものでした。

戦艦のなかで重労働を強いられる乗組員たち。にもかかわらず食事は最悪のもので、スープには蛆《うじ》虫が湧いていました。こんなものは食えないと乗組員たちは抗議をしますが、このスープに不満がある人間は銃殺すると艦長は告げます。

『戦艦ポチョムキン』（セルゲイ・エイゼンシュテイン監督、1925年）

甲板に集められた乗組員。そのなかでスープを拒否する人間たちが集められ、兵士たちが銃を構えます。

「撃て！」の命令を艦長が発したそのとき、乗組員の一人であるワクリンチュクが兵士に向かって叫びます。

「お前たちは誰に向かって銃を発射しようとしているのか」と。立場は違えども、船の上にいるのは紛《まぎ》れもなく同胞たちです。同胞に向かって銃を撃つことを躊躇《ちゅうちょ》していた兵士たちは、相次いで銃を下ろしました。

これを機に、戦艦のなかでは大きな反乱が起こっていきます。反乱は見事成功しますが、残念なことに反乱を先導したワクリンチュクは兵士の手によって殺されてしまいます。乗組員は彼の遺体を、近くにあるオデッサの港に安置しました。

戦艦の上で支配者に反乱を起こした勇敢な人間がいる。勇気ある乗組員たちの行動に、多くの市民が立ち上がろうとします。もうこれ以上の圧政を許してはいけない。自分たちの手で自由を勝ち取っていこう。こうした機運が広がり、やがては第一次ロシア革命へとつながっていくのです。

戦艦ポチョムキンを支持する市民がどんどんオデッサの港へと通じる広い階段に集まってきます。しかし、そこに政府側の兵士が現れ、次々と市民を撃つのです。

「オデッサの階段」と呼ばれる市民虐殺の場面は約六分間。これは「映画史上で最も有名なシーン」といわれ、とくに撃たれた母親の手を離れた乳母車が階段を落ちていくシーンは『**アンタッチャブル**』などの映画に引用されています。ただし、史実によると「オデッサの階段での虐殺事件」は存在しないそうです。

名作であるにもかかわらず、この作品は共産主義のプロパガンダの一面をもつことから、各国で上映が禁止されました。日本で一般公開されたのは製作から四十年以上も経った一九六七年のことでした。

さて、この作品を久しぶりに鑑賞したとき、改めてサイレント映画の面白さと難しさを感じました。映画のなかには一切の台詞はありません。ときおり流れる字幕の文字だけを頼りにストーリーを理解しなくてはなりません。

登場人物が会話をするシーンにしても、台詞がないのですから、会話の内容を観る側が想像しなくてはいけない。もちろん演者の表情などからある程度は読み取ることもできますが、やはりそこには想像力が必要になってきます。

サイレント映画というのは、出演者だけの技量ではなく、観る側の技量も問われます。そこに現代の映画にはない面白さがあるのです。

誰もが知っているサイレント映画は、もちろんチャールズ・チャップリン主演の作品でしょうが、それ以外にも観るべきサイレント映画はたくさんあります。これを機に、サイレント映画の面白さを楽しんでみることをおすすめします。

『ゴッドファーザー』観るたびに新しい発見がある名作

一九七二年に公開されたアメリカ映画ですが、監督から脚本家、俳優等多くのイタリア人が関与した作品で、とりわけ音楽担当のニーノ・ロータが作曲した抒情《じょじょう》的な旋律の『ゴッドファーザー　愛のテーマ』はすばらしい名曲です。

イタリアのシチリア島から移民としてアメリカに渡ってきた家族が、マフィアに育っていく物語を三代にわたって綴《つづ》った作品です。

この映画は全部で三部作。『PARTⅡ』は一九七四年に、『PARTⅢ』は一九九〇年に公開されています。おおよそ二十年にわたってつくられた大作です。

『ゴッドファーザー』（フランシス・フォード・コッポラ監督、1972年）

もちろんマフィアの世界が舞台ですから、ライバル組織との醜い攻防もあります。殺人のシーンも散りばめられています。しかしこの作品で描かれているのは、マフィア同士の攻防だけではありません。

作品の根底に流れているのは家族愛や仲間との絆です。日本の任侠《にんきょう》の世界でいうところの義理と人情です。

日本の任侠映画も表面的には組織同士の争いが描かれて

いますが、その底辺にあるのは義理や人情、あるいは大きな愛であり、だからこそ、多くの人々に受け入れられたのだと思います。ただ単に殺しあうだけの映画では観客をひきつけることはできないものです。

根底に流れる愛のなかに、金や権力がからみあってくる。そのなかで揺れ動く人間の機微。どうしても捨てることのできない人間としての業と欲。それらの葛藤は、すべての人間の心に宿るものだと思います。

さらにこの映画が問いかけているのは、家長たる人間の資質だと思います。家長として為すべきことは何か。組織のリーダーとして求められるものは何か。

マーロン・ブランド演じる「ゴッドファーザー」は後継者として誰を指名するのか。マフィア同士の抗争ばかりでなく、次世代へのバトンをどのような人間に託すのかも見どころとなっています。

マーロン・ブランドの死ぬシーンが印象的です。孫のアンソニーと庭のトマト菜園で遊んでいたときに、急に胸に圧迫感を感じて転げる。アンソニーはおじいさんがふざけて演技しているのだと思って水鉄砲で水をかけますが、おじいさんはすでに息絶えているのです。

「すぐれた映画というのは、観るたびに新しい発見がある」

これは映画好きで知られる作家の童門冬二さんの言葉です。

たしかにこの作品は私も幾度となく観ましたが、そのときの年齢や自分を取り巻く環境によって観方が変わってきます。十年前には気がつかなかったシーンを発見したり、心を揺さぶられる場面も変化したものです。

観るたびに新しい発見がある。ほんとうの「名作」とはそういうものなのです。

『捜索者』最も偉大な西部劇映画と評価される理由

一九五六年に製作されたアメリカ映画。主演はアメリカの西部劇を代表する俳優、ジョン・ウェインです。フロンティア精神に満ち溢れ、家族や周りの同志たちから頼りにされる存在。やさしさと強さを兼ね備えたジョン・ウェインは、まさに当時のアメリカを代表する男性像でした。

『捜索者』（ジョン・フォード監督、1956年）

舞台は南北戦争が終わった三年後のテキサス。いまだ先住民のネイティブ・アメリカンとの壁が明らかにあった時代です。

奇《く》しくもこの一八六八年というのは、日本においては明治維新の初期に当たります。私が敬愛する坂本龍馬が暗殺されたのが一八六七年。日本でもまた別の意味でのフロンティア精神の波が襲ってきていました。

さて、南北戦争から故郷に帰ってきたイーサン（ジョン・ウェイン）は、兄夫婦がコマンチ族によって殺害され、さらには姪たちが連れ去られたことを知ります。

ストーリーは、イーサンが姪を救うために旅をする姿を描いています。コマンチ族の力は大きく、騎兵隊にすら救援することを断られます。大きな敵と一人で向き合わなくてはならない。愛する姪を救出するために、自分の危険さえも顧みない。イーサンの勇気に観客たちは感動を覚えたでしょう。

時が経ち、姪は無事に故郷に戻ることができました。喜びを分かち合う家族たちを後にして、イーサンは静かに家を出て行きます。

映画のラストで戸口に立つイーサンの姿を部屋のなかからドア越しに映し出したシーンは、その後の作品にも大きな影響を与えることとなりました。

西部劇映画では、アメリカ人と、先住民であるネイティブ・アメリカンとの攻防がよく描かれています。そのほとんどは、アメリカ側が正しくて、ネイティブ・アメリカンは野蛮なように描かれていますが、この作品にはそうした偏見は見受けられないように感じます。

古き歴史をもつ先住民と、新しい世界をつくっていこうとするフロンティアたち。そこに争いが生じるのは当然のことです。しかし彼らは、けっして相手を打ちのめすだけが目的ではありません。できることなら、互いの手を取り合いながら新しい世界をつくっていきたい。コマンチ族をにらみつけるイーサンの目。しかしその目の奥に、何とも慈悲深いものを感じるのは私だけでしょうか。

『ジャンヌ・ディエルマン、ブリュッセル1080、コメルス河畔通り23番地』日常の中に潜む女性の危うい心情を描く

一九七五年にベルギーとフランスの合作で製作されたドラマ映画です。日本では二〇二二年に公開された映画ですが、その評価は非常に高く、英国映画協会が十年ごとに発表する「史上最高の映画100（二〇二二年版）」において第一位に選ばれています。

主人公はブリュッセルのアパートメントに暮らす未亡人のジャンヌ。思春期の息子と二人で静かに暮らしています。ジャンヌの日常はとても平坦な時間が流れています。計ったように食事をつくり、家事をこなしていく日々です。

『ジャンヌ・ディエルマン、ブリュッセル1080、コメルス河畔通り23番地』（シャンタル・アケルマン監督、1975年）

実際の映画の場面でも、主人公はほとんど自宅から出ることはありません。郵便局などに用事で出か

ける ほかは、一日を家のなかで過ごす毎日です。

監督・脚本はベルギーの女性シャンタル・アケルマン。女性たちが社会や家庭のなかでどのような人生を送っているか、女性の日常を丁寧に描き出す作品を多く残した監督です（二〇一五年没）。

シャンタル監督はこの作品で何を浮き上がらせようとしたのか。一つには淡々と家事をこなすなかから生まれる充実感かもしれません。と同時に、彩りのない日常へのいいようのない不満かもしれません。いずれにせよこの作品には、世の女性の共感を呼ぶものが詰まっているような気がします。

息子と二人の平穏な日常。この作品はただそればかりを描いているものではありません。主人公のジャンヌはあるとき、息子が学校に行っている昼間に自宅で売春をします。目的が何かはわかりませんが、その一つの過《あやま》ちによって、彼女の日常は少しずつ変化していきます。規則正しかった彼女の日常生活が崩れていくのです。

ある日、ジャンヌは客として家にやってきた男性をベッドの上で刺します。ハサミで男性を刺殺してしまうのです。とてもショッキングなストーリーですが、それは単なるホラーや犯罪映画とは一線を画しています。日常のなかに潜む女性の危うい気持ち。もしかしたら、誰にでも起こりそうな悲劇。シャンタル監督の、女性ならではの視点が光る作品だと思います。

第5章

まちなか映画館で地域が元気になった事例

キーパーソンの存在なしにまちなか映画館は生まれず

一昔前までは、県庁所在地はもちろんのこと、地方の都市でも地元に根差した映画館があったものです。商店街の中心に映画館があって、新作のポスターがまちに彩りを添えてくれていました。しかし本書の第1章でも書いたように、そんなまちなか映画館がどんどん姿を消していきました。

まちなか映画館に代わって台頭してきたのがシネマ・コンプレックス。通称シネコンと呼ばれるものです。シネコンとは、同一の運営組織が一カ所に五つ以上のスクリーンを設置している映画館を指します。広い敷地を要するために、そのほとんどは郊外の大型ショッピングセンター内につくられています。

もちろんシネコンもすばらしい施設だと思います。しかし、この状況がますます進むと、いずれは「映画格差」みたいなものが広がっていくでしょう。シネコンがあるまちに住んでいる人はいつでも映画が観られますが、近くにシネコンがない地域に住む人たちは、なかなか映画に触れることができなくなります。いまではネットによるオンライン配信も普及していますから、映画作品そのものは観賞することができますが、やはり映画館で多くの人たちと一緒に映画を楽しむという機会が少なくなるでしょう。それはけっして喜ばしいことではないと私は思っています。

今回、私が「小田原まちなか映画館」構想を立ち上げるにあたって、現在のまちなか映画館を取り巻く環境がどうなっているのか。日本各地で頑張っているまちなか映画館は、どのようにして生まれたのか。そして、そこにはどんな人たちの努力があったのか。それが知りたくて、私はできるかぎり、全国各地のまちなか映画館を訪ねることにしました。

まちなか映画館をつくって、自分たちが暮らすまちを元気にしたい。子どものころからすばらしい作品に出合うことで、子どもたちの情緒を育みたい。そこにある思いはみんな同じです。しかし、同じ思いは抱いていても、実際に映画館に辿りつく地域とそうではない地域があります。自分のまちにも映画館ができたらいいね、という夢だけで終わってしまう地域も数多くあるでしょう。では、その夢を現実にしている地域には、どこにその秘密があるのか。それが知りたくて私は各地を巡りました。

そうして私がつかんだもの。それは「映画館のあるまちには、必ずキーとなる人が存在している」ということです。

「絶対にこのまちに映画館をつくる」という強い信念をもった人物の存在。そういうキーパーソンの存在なしにまちなか映画館は生まれません。たったひとりの人間でも、そこに強い信念と大きな夢があれば、必ずその周りには大きな輪が広がっていくものです。

私が小田原に映画館をつくると言い始めたとき、まだまだ周りは半信半疑だったと思います。「みのさんが、また夢みたいなことをいっている」と、つきあいの長い友人でさえ信じていなかったかもしれません。

ところが、信念をもって走り続けている私の姿を見て、二十九社もの企業が協賛してくれるまでになりました。さらに個人的に出資を申し出てくれる仲間も現れました。

キーパーソンとなる人が、特別に偉いということではありません。特別な才覚をもっている人でもありません。しかし、私が出会ってきた各地のキーパーソンには、共通した心がありました。その心とは「映画というすばらしい文化の灯を消してはならない」という思いです。この一つの思いの下に、たくさんの人の力が結集されてくる。その一つひとつの物語に、私は熱いものを感じました。

この章では、まちなか映画館によってまちが元気になった事例をいくつか紹介したいと思います。

「シネマテークたかさき」映画のまちを復興したキーマンたち

群馬県唯一のミニシアター「シネマテークたかさき」。座席数58のシアター１と64席のシアター２で世界中から選りすぐりの映画を上映している

群馬県高崎市にある「シネマテークたかさき」は、二〇〇四年に「ＮＰＯ法人たかさきコミュニティシネマ」によって設立されました。シネマテークとはフランス語で「映画の図書館」を意味し、まさに映画を愛する高崎市民の手によってつくられたまちなか映画館です。

もともと高崎という地域は、映画熱の高いまちでした。一九八七年から始まった「高崎映画祭」は、いまでは全国各地で開催されている映画祭のさきがけのようなものでした。わざわざ東京まで行かなくても、地元で最新の作品を楽しむことができる。そんな環境をつくりたいと考えていたのが映画祭に結びついたのです。

「高崎映画祭」は一九九〇年ごろには約十日間の開催期間におよそ三十本もの作品を上映するまでになっていました。当時、高崎市内には四つの映画館がありました。「高崎映画祭」は公共ホールでの上映をメイン会場として始まっていますが、映画館を会場に利用することも地域と一緒に実施するうえで大切なことだと考え、「東映」「東宝」「松竹」「オリオン」の四館で映画祭の作品も上映されていました。ところが、一九九〇年後半から、四つの映画館が次々と閉館に追い込まれていきます。そうしてついに、二〇〇三年には四つの映画館すべてが閉館、高崎市から映画の灯が消えてしまったのです。

「高崎のまちから映画の灯を消してはいけない。何とかして自分たちの映画館をつくりたい」。そんな熱い思いを共有した人たちがいました。そしてその先頭を走っていたのが茂木《もぎ》正男さんでした。

茂木さんはまちなか映画館設立のために奔走します。目をつけた物件は、かつて新潟中央銀行高崎支店だった建物です。昭和の香りが残る建物を改築して映画館をつくろう。まずは建物を賃貸契約して、映画館として再生させていこう。必要な資金を見積もると、おおよそ六千万円かかることがわかりました。

ここで茂木さんたちが幸運だったのが、高崎市役所には、市長をはじめとして映画文化を守りたいと考える人たちがたくさんいたことです。市民と一緒になって行政が映画文化を守ろうとする。それは全国でも珍しいことだと思います。お金は出せないけれども、市民への呼びかけやサポート体制を取ろうという姿勢があったのです。さらには高崎市民から一千万円の寄付も集まり、二〇〇四年に「シネマテークたかさき」が誕生しました。

座席数は、一階が五十八席、二階が六十四席。当初は一スクリーンからのスタートでしたが、二〇〇七年には二スクリーン化を実現させます。高崎映画祭が始まってから十八年目、茂木さんたちはついに念願の「わがまちの映画館」を実現させたのです。

しかし残念なことに、高崎の映画文化を牽引してきた茂木さんが二〇〇八年に病によって他界してしまいます。

「茂木さんがいなくなれば、映画祭もなくなってしまうかもしれない。高崎のまちの映画の灯は消えてしまうのか」

茂木さんとともに映画文化を支えてきた人たちに、そんな弱気な思いが押し寄せてきたそうです。

このとき「シネマテークたかさき」の支配人を務めていたのが志尾睦子さんです。総支配人の茂木さんのもとで映画館運営を任されていました。

志尾さんが茂木さんと出会ったのは大学生のときです。地元の県立女子大学で学んでいた志尾さんは、卒論のテーマに「映画」を選んだそうです。卒論を書くための材料を集めようと、高崎映画祭のボランティアスタッフになったのがきっかけでした。

「初めのうちは、気楽なボランティアスタッフでした。しかし、茂木さんや他のスタッフの映画に対する熱い思いに、どんどん引きずられていったのです」

そう語る志尾さんの目から見ても、茂木さんはカリスマ的なリーダーに映ったそうです。そんな精神的な支柱であった茂木さんが亡くなったことは、志尾さんにとってもとても大変なことでした。このままでは映画館が潰れるかもしれないとの不安で頭がいっぱいになったからです。

「経営に素人の私では、とても自分の力で映画館を続けていくことなんてできない」

そう考えた志尾さんは、企業経営に長《た》けた理事に経営を引き受けてもらおうと思いました。理事からはさまざまな経営手法が提示されたのですが、確かに経営的には改善することが理解できる一方で、上映者としての自分たちの思いとはどこか擦れ違いがあると感じました。逡《しゅん》巡《じゅん》していたとき、映画祭をずっと支えてくれていた人たちからこういわれたそうです。

「茂木さんの信念や思いを知っている人間がこの映画館を経営しなければ、それは自分たちの映画館ではなくなってしまう。茂木さんの思いをいつも近くで感じていた君が経営しなくて誰がするんだ」

この仲間たちの言葉で、志尾さんは腹をくくったといいます。

「私がこの映画館を守る。私が茂木さんの志を継ぐ」

誰かの信念や思いを継ぐ。それは簡単なことではありません。それは、自分自身の信念を貫き通すことよりも難しいことだと思います。なぜならば、最初の人間の信念が一〇〇だとしたら、それを継ぐ人間はその一〇〇を超えることなどできないからです。誰かの信念を一〇〇%継ぎたいと願うのなら、その信念を自分のものとして新たに創造しなければなりません。先達《せんだつ》の信念をそのままの形で継ぐことなどできない。信念の核心をしっかりと守りつつ、そこに新しい自分の息吹を吹き込まなくてはならない。信念の踏襲《とうしゅう》とはそういうものであると私は考えています。

「シネマテークたかさき」総支配人の志尾睦子さんと筆者

「群馬はしょせん田舎。東京に行かなくては何も得ることはできない。だから私は東京の大学に行きたかった。しかし、その夢は叶わず、地元の女子大学に進学します。早く卒業して群馬県から脱出したい。そんな気持ちを抱えたままで映画祭に関わっていました。そんな私が、いまは群馬県にどっぷりとつかっています。あれほど脱出したかった群馬のなかで映画館の運営に携わっている。自分で考えても不思議な気がします」

私の友人でもある志尾睦子さんは、高崎のまちを映画によって元気づけようと日々奮闘しています。茂木さんとの出会いによって、志尾さんの人生は思わぬ方向に行ったようです。茂木正男という一人の人物の強い信念によって、人生のレールが書き換えられたのです。

青梅「シネマネコ」コロナ禍だからこそ開業した心意気

東京の立川駅から奥多摩駅を結ぶＪＲ青梅《おうめ》線のほぼ中間の青梅駅で降りると、そこには懐かしさを感じさせる駅舎が佇んでいます。ほとんどの駅が近代的な駅舎に移り変わるなかで、まもなく建築後百年を迎える青梅駅舎にはまるで時が止まったような空気が漂っています。

そんな青梅駅のホームから地下通路に下りていくと、通路の壁面には昔ながらの映画の手書き看板が連なっています。一九五九年に公開された『**旅路**』の看板。『**ティファニーで朝食を**』や『**鉄道員**《ぽっぽや》』など、かつて一世を風靡《ふうび》した映画の看板が、いまも鮮やかな姿を見せてくれています。

さらには、これもまた懐かしさに溢れる町並みのあちらこちらでも、手書きの映画看板が来る者を出迎えてくれます。かつて映画が娯楽の王様と呼ばれていた時代、駅の商店街は映画のポスターで賑わっていました。私も小学生のころから、映画のポスターを見ながら商店街を歩くのがとても楽しみでした。温かな感じがする手書きの映画ポスターは、まさに一つの芸術として完成されていたのです。

どうしてこの青梅というまちに、いまも映画のポスターが残されているのでしょうか。それは、青梅生まれの映画看板師・久保板観《ばんかん》さんの存在があったからです。娯楽が増え、映画を観る人も減少していく。それでも映画という文化はけっしてなくなりはしない。いや、なくしてはいけない。そんな思いから久保さんは、青梅の街の商店街に自らが手がけた映画看板を掲げ続けたのです。それがメディアなどで取り上げられ、青梅はレトロな映画看板の街として知られるようになりました（残念ながら、久保さんは二〇一八年に七十七歳で永眠されます）。

ところが、「映画看板のまち」と呼ばれているにもかかわらず、当時青梅のまちには映画館は一つもありませんでした。かつては三つの映画館がありましたが、いまから五十年前にすべての映画館が閉館しています。つまりこのまちには五十年間、映画館が存在しなかったのです。

もちろん青梅から一時間も電車に乗れば、都心に出ることができます。観たいと思う映画があれば、いつでも観に行くことができるでしょう。しかし、簡単に観に行けるのは大人だけです。小学生や中学生の子どもたちや、あるいは年配の方々さえも、気軽に映画を観に行くことができない。それでは映画文化が衰退してしまう。もう一度、青梅のまちに映画館をつくって、ほんとうの意味での「映画のまち」にしたい。そんな思いで行動を起こしたのが、「シネマネコ」代表の菊池康弘さんです。

青梅出身の菊池さんは、若いころからの夢であった俳優を目指して東京で頑張っていました。いまは亡き蜷川《になが わ》幸雄氏のもとで演技の勉強をしていました。しかし、甘い道ではありません。俳優を志す者は数多《あまた》ですが、俳優として一人前になれる人間はほんのわずか。ほとんどは道半ばで諦めざるを得ないのが現実です。そして菊池さんもまた、十年間という歳月を費やして俳優を目指しましたが、その芽が出ることはありませんでした。

夢を諦めて青梅に戻ってきた菊池さんは、地元で飲食店を開業します。もともと努力家で前向きな性格ですから、菊池さんの店は地元の人たちにも支持され、飲食店経営は軌道に乗ってきました。

あるとき、常連のお客さんと、青梅の映画看板の話で盛り上がっていた矢先のこと、常連さんが、ふとつぶやきました。

「昔はこのまちにも三つの映画館があったんだけどな。みんななくなってしまった。もう五十年もこのまちには映画館がないんだ」

じつは、青梅で育った菊池さんさえも、その事実を知らなかったそうです。それほどまでに、このまちは映画から遠ざかっていたのでしょう。

2021年に開館した「シネマネコ」と菊池康弘支配人（左から２人目）

「よし、ならば自分が青梅に映画館をつくろう」

菊池さんがそう心に決めたのが二〇一八年の冬のことでした。俳優の夢が破れて青梅に戻ってきた。一から飲食店を始めた。それはもう不安でしかなかった。でも、地元の人たちが応援してくれた。地元の人たちの応援がなければ、とっくに店は潰れていたかもしれない。心から地元のありがたさを感じていた菊池さんは、今度は自分が恩返しする番だと思ったのです。

真新しい映画館をつくるつもりなどありませんでした。青梅というまちならではの映画館がつくりたかった。そこで菊池さんの目に留まったのが、旧都立繊維《せんい》試験場の建物でした。この建物は国の有形文化財に指定されている建築物で、青梅の繊維文化とものづくりの歴史が息づいています。長い年月、青梅のまちを眺めてきたこの建物こそが、青梅らしい映画館になると菊池さんはひらめいたのです。

かといって、菊池さん個人では資金に限界があります。いくら飲食店の経営が順調だとはいえ、映画館を開館するだけの資金調達は無理です。そこで、菊池さんは広く地元の人々に呼び掛け、ＣＦ（クラウドファンディング）で資金を集めることにしました。

三千円を寄付すればオリジナルトートバッグがもらえます。五千円ならかわいい猫のイラストが入ったオリジナルＴシャツがもらえる。地元の人たちが気軽に出資できる金額設定をするとともに、法人会員からは十万円、二十万円という寄付も募りました。

映画館の準備を始めていたとき、二〇一八年に閉館してしまった新潟県十日町市の映画館「十日町シネマパラダイス」の支配人の岡元眞弓さんから、知り合いを通して連絡が入りました。使用していた劇場の椅子を廃棄処分にしてしまうので、もし使っていただける人がいるなら活用してほしいとのことでした。予算の関係で、本来希望していたキネット社の椅子を諦めかけていたときだったので、菊池さんは即座に購入を希望しました。ところが、岡元さんはなんと無償で譲ってくれたそうです。

これまで使っていた映画館のシートにはたくさんの思い出が詰まっています。「十日町シネマパラダイス」の人たちにとっては宝物のようなシートです。その思い出深い椅子を、捨てることなくまた使ってもらえる。それは彼らにとってもとても嬉しいことでした。映画を愛する者同士。映画館運営に力を注ぐ者同士。その思いがつながることで、古い椅子たちもまた、新しい場で息を吹き返すことになったのです。

ＣＦで集まった資金（五百四十六万円）と地元企業の協賛資金に支えられ、「シネマネコ」は二〇二一年六月四日に開館しました。座席数六十三というけっして大きくはないまちなか映画館ですが、今回の改修には基礎工事、耐震補強、防災設備など多額の工事費用がかかりました。そこで映画館を通して地域をさらに盛り上げるために、地元商店街の東栄会と協力して国の補助金も申請しました（商店街活性化・観光消費創出事業）。この補助金が採択され、総工費の三分の二を工面することができました。

二〇二一年といえば、コロナ禍の真っただ中でした。わざわざこんな時期にと思う人も多かったはずです。しかし菊池さんは、ある取材のなかでこう言い切っています。

「こんな時期だからこそ、映画が必要なんです。コロナ禍のなかで、孤独感を抱く人がたくさんいます。そんな孤独を一人で抱えていないで、みんなで一緒に映画を観てほしい。一緒に泣いたり、一緒に笑ったりしてほしい。きっと映画が弱った心を元気にしてくれます」

この菊池さんの思いは、私もまったく同感です。映画作品を独りDVDで観るのではなく、映画館でみんなと一緒に観る。その時間と空間のなかにこそ、映画文化の真髄《しんずい》があると私は考えているからです。

ところで、「シネマネコ」の名前の由来は何でしょう。じつは、ここ青梅は、昔から「ネコのまち」としても知られているのです。

かつて青梅は宿場町として栄えていました。江戸時代には交易の町として多くの人が行き来していました。さらに養蚕《ようさん》が盛んで、織物も有名でした。人や物が集まるところには、自然とネズミも増えてきます。そのネズミ退治として、ネコを飼う家が多かったそうです。また商売のまちでもありましたから、店先には縁起物として招き猫が置かれていた。このまちには、いつもネコがいたのです。

いまでも青梅のまちを歩いていると、たくさんの「ネコ」たちと出合えます。かわいいイラストであったり、映画のポスターのなかにちょこんと描かれていたり、神社の参道には「ネコの恵比寿様」が鎮座《ちんざ》したりしています。機会があれば、ぜひ「シネマネコ」での映画鑑賞のあとで、まちなかのネコたちを探してみてはいかがでしょう。

「鶴岡まちなかキネマ」コロナ禍による閉館からみごとに復活

歴史作家・藤沢周平の故郷である山形県鶴岡市は、いまも由緒ある家々が軒を連ねる風情あるまちです。私も今回、初めて訪れましたが、城下町特有の美しい街並みに目を奪われました。

「鶴岡まちなかキネマ」は二〇一〇年に開館。映画館は、昭和初期に建築された木造の絹織物工場をリノベーションしたものです。八年ぶりに鶴岡のまちなかにつくられた映画館は、市民にとって憩《いこ》いの場であり、文化発信の基地でもありました。

ところが、「鶴岡まちなかキネマ」にもコロナ禍が襲いかかります。感染拡大に伴って発出された緊急事態宣言によって、多くの映画館や劇場が休館を余儀なくされました。「鶴岡まちなかキネマ」も開館十年を目の前にして、閉館に追い込まれることになったのです。

鶴岡から映画館が消えてしまう。それは単に映画館がなくなるということでなく、鶴岡のまちからこれまで育んできた文化が消えることを意味しています。「何とかして映画館を復活させなくてはいけない」。多くの市民がそう思ったことでしょう。

しかし、心のなかで思ったとしても、それを実行に移すことはなかなか難しい。「鶴岡のまちから映画館をなくしてほしくない。再び映画館を復活させてほしい」。そんな気持ちはもっていても、どうすればいいのかはわからない。映画館復活のために自分にいったい何ができるのか。その答えをもっている市民はなかなか多くはないでしょう。

「映画館を復活させるために、いま自分ができること」。それを真剣に自問自答し、そして実行に移した人物がいました。山形大学農学部で教鞭をとっている菊池俊一准教授です。映画館を復興させたいといっても、自分にそれだけの資金があるわけではない。自分は学問の世界に身を置く人間であり、経営に明るいわけではない。ならば、自分にいまできることは何だろう。

菊池さんが見出した答え。それは署名活動でした。菊池さんは「まちキネの存続と再生を願う会」を発足、映画館の再生を願いつつ、歴史ある貴重な建物と映画館の肝《きも》である映写機材の保存を求める署名活動を展開していったのです。しかしコロナ禍の真っただ中ですから、街頭に立って署名を集めることはできません。市内の産直施設等に協力してもらい、署名箱を設置。あとは心ある市民一人ひとりによる声かけと口コミ、そしてオンライン署名に頼るしかありませんでした。

ほんとうにこんな活動で署名が集まるのだろうか。いや、自分と同じ思いをもった人たちは必ずいるはずだ。そう信じながらの署名活動でした。

2023年３月に再生した「鶴岡まちなかキネマ」を視察する筆者（左）

復活に尽力した山形大学農学部の菊池俊一准教授（右列の中央）と齋藤拓也支配人（左列の手前から１人目）

その菊池さんの活動に多くの鶴岡市民がすぐさま反応しました。直接の署名運動ができないという環境にもかかわらず、わずか一カ月半ほどの期間に一万六百十九筆もの署名が集まったのです。

署名用紙には市民のさまざまな思いが記されていました。

「高齢者同士で行ける映画館、存続願います」

「学校帰り、映画デートがしたいのでお願いします」

「ボランティアが必要なら参加させてください」

「クラウドファンディングするのなら協力します」

「子どもを映画館に連れて行って、子どもが感動して初めて泣いたことを忘れません」

「映画だけではなく、さまざまな文化活動の拠点として必要だと思います」

署名用紙に記された市民からのメッセージを読みながら、菊池さんは胸が熱くなったといいます。

この菊池さんたちが集めた署名が引き金となり、「鶴岡まちなかキネマ」の再生計画が進んでいきました。映写機材の更新を目的に六百万円を目標額として始められたCFも、ふたを開けてみれば一千万円を超える寄付が集まりました。新しいデジタル映写機の購入やオンライン予約システムの導入もできました。二〇二〇年五月の閉館から三年後の二〇二三年三月、「鶴岡まちなかキネマ」は見事に再生を果たしたのです。

一度閉館に追い込まれた映画館を再び生き返らせる。それはとても困難なことです。何もなかったところに、新たに映画館をつくることよりも難しい作業であると私は思います。映画館がなくなって残念に思う。もう一度復活させてほしい。そう願うのは当たり前のことです。しかし、ほとんどの人は、やがてその思いを忘れてしまうものです。

「映画館がなくなるのは残念だけど、まあ仕方がないかな」

「自分のまちの映画館がなくなるのは不便だけど、少し足を延ばせばシネコンがあるからいいか」

再生を願う一方で、そんな諦めに似た気持ちがあるものです。絶対に諦めない情熱。その情熱がなければ、一度失ったものを取り戻すことはできないと私は思います。

「鶴岡まちなかキネマ」の支配人を務めるのは、開館時からのスタッフだった齋藤拓也さん。鶴岡を訪れたときに食事を共にしましたが、心から鶴岡と映画を愛する青年で、菊池さんと共に再生に向けて走り続けたキーパーソンです。

その齋藤さんが寄せた文章にこう書かれていました。

「鶴岡まちなかキネマは一度閉館となり、人々の記憶から忘れ去られていくという危機に直面しました。忘れられることの怖さと焦り、知ってもらうことの難しさと尊さを体験しました」

映画館の閉館でもっともマイナスのこと。それは不便になるとか寂しいということではなく、「自分のまちに映画館があったことを忘れてしまうこと」なのかもしれません。それはすなわち、映画が私たちにとって大切な文化であることを忘れることに等しい。一度忘れ去られた文化を取り戻すのは至難の業なのです。

菊池さんや齋藤さんたちが「鶴岡まちなかキネマ」再生に向けて走り続けていたとき、旧豊岡劇場代表の石橋秀彦さんが次のような応援メッセージを送っています。

「私は、映画館は市民にとって大切な文化的インフラだと思っています。いつか社会全体が映画館という文化を受け入れ、まちごとにその存在が脅《おびや》かされないように守られていけばと願っています」

映画館は市民にとってのインフラだと私も思います。水や電気のように、私たちの心にとってなくてはならないもの。水がなければ身体を保てないのと同じく、文化がなければ心は保てない。鶴岡のまちを訪ねて、改めてそう感じました。

「深谷シネマ」映画好きの夢を役所も市民も一緒に実現

埼玉県深谷市は、近代日本経済の礎《いしずえ》を築いた渋沢栄一の生誕地であり、深谷ネギの生産地としても有名なところです。東京からは電車で一時間半ほどの距離ですが、のどかな田園風景が広がる農業のまちでもあります。

深谷市の中心を貫いているのが旧中山道《なかせんどう》。宿場町として栄えた歴史をもつだけに、どこか郷愁を誘う街道沿いに「深谷シネマ」はあります。三百年も続く「七ツ梅酒造」跡に設《しつら》えられた、全国でも唯一の酒蔵を改装した映画館として有名であり、映画を観なくとも、館内に足を踏み入れるだけで価値があります。

「深谷シネマ」を立ち上げて、いまも館長として運営をするのが竹石研二さんです。竹石さんがこのシネマに辿りつくまでの道のりを紹介したいと思います。

若いころから映画好きだった竹石さんは、映画の世界に身を置きたいと、二十七歳のときに今村昌平《しょうへい》監督が主宰する映画学校に入ります。映画監督を目指すとか、役者になりたいとか、そういう具体的な夢はないけれど、どんなかたちでもいいから映画と関わっていたかった。そして映画学校を卒業後に日活に入社します。念願の映画会社で働くことができる。それは竹石さんにとっては夢のようなことでした。

しかし、残念なことに、当時の映画界を不況の風が襲います。すでに映画は娯楽の王様ではなくなり、斜陽産業への道を歩きはじめていました。竹石さんが働いていた日活も経営危機に陥ります。後ろ髪を引かれる思いで日活を退社した竹石さんは、次なる人生を模索しはじめます。

家族のために、とにかく仕事を見つけなくてはなりません。もう映画の世界にこだわることはできない。竹石さんは奥さんの実家がある深谷市に移り住むことを決めました。また幸いなことに、生協に職を得ることもできました。

生協への就職は、竹石さん一家に生活の安定をもたらしてくれました。それは感謝しなくてはいけない。それでも竹石さんの心のなかでは、映画に対する思いがくすぶり続けていました。生協での仕事をこなしながら、竹石さんは自主的に映画鑑賞会を開催します。もちろん純粋なボランティアです。小さな映画鑑賞会でも、たくさんの人たちが足を運んでくれ、みんな笑顔になって帰っていきます。そんな姿を見るにつれ、やはり常設の映画館がこのまちにほしいと強く思うようになったのです。

思い立ったら行動あるのみ。竹石さんは記者クラブに出向きました。自分の計画を広めるためには、まずはメディアに取り上げてもらうのが近道だ。この発想は、おそらく映画会社にいたことから来ているのだと思います。普通は新聞社に売り込むという発想は思いつかないからです。

竹石さんは記者を前にして、映画館設立の熱い思いを語りました。「五十歳の夢」というプランを掲げながら、映画への情熱を伝えたのです。すると、そのプランを面白いと思った何人かの記者が、「深谷のまちに映画館を」という竹石さんの思いを記事にしてくれたのです。メディアに取り上げられることで、竹石さんのプランは広がりを見せます。そしてついに、二〇〇〇年四月、「NPO市民シアター・エフ」の設立に至ったのです。

深谷市で生まれた初めてのNPO。それに関心を示したのが商工会議所でした。商工会議所のメンバーたちもまた、深谷のまちの活性化を願っており、映画館ができることは大歓迎でした。そして深谷TMO事業（空き店舗対策事業）として認められました。

役所が動くことで、市民の士気も一気に高まりを見せました。商店街の人たちも協力してくれ、洋品店の二階のスペースを借りることができました。このときに上映した『**愛染かつら**』

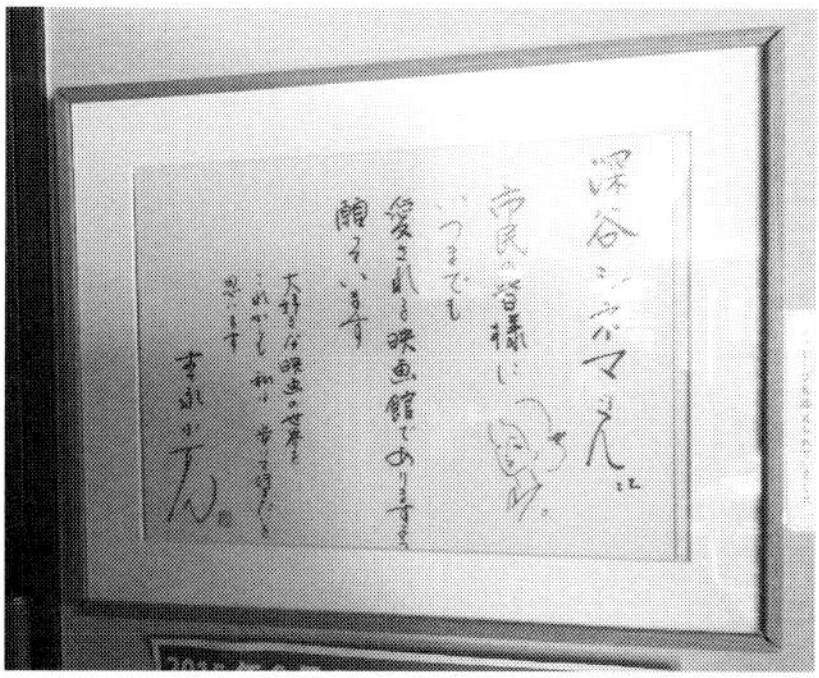

300年も続いた蔵元である「七ツ梅酒造」跡に建つ「深谷シネマ」と立ち上げに尽力した竹石研二館長（左から２人目）。館内に掲げられた吉永小百合さんの応援メッセージ

には高齢者の方が千百五十人も詰めかけました。それは小さな映画館でしたが、「深谷シネマ」が産声《うぶごえ》を上げた瞬間でした。しかし、この洋品店は老朽化が進んでいたため、一年で撤退を余儀なくされます。

それでも竹石さんが一石を投じた映画館への夢は、いつしか深谷のまちに新しい風を吹かせていたのです。二〇〇二年に旧銀行跡を改装し、「深谷シネマ」をオープンします。二〇一〇年には、三百年も続いた蔵元である「七ツ梅酒造」跡に移転しました。ここは映画のロケでも使われるような歴史的な建物です。九百坪もある「七ツ梅酒造」の敷地の一部を借り、いまの「深谷シネマ」ができあがったのです。

開館にあたって必要となる映写機や音響設備などの費用は、市民や地元企業からの寄付で賄《まかな》われました。一口千円という基金ですが、たくさんの市民が応援の寄付をしてくれたのです。まさに「深谷シネマ」は、深谷市民と行政、商工会議所などが力を合わせてつくりあげた映画館です。

始まりは、たった一人の映画好きな人間でした。そのたった一人の情熱が、いつしか周りを巻き込んでいきました。この時点で損得を考える人間など一人もいなかったでしょう。プロジェクトに賛同するすべての人たちは、地元に映画館をつくるという純粋な心しかもっていなかったのです。

そのまちに暮らす人たちの純粋な思いが集まること。それこそが地方創生の原点といえるのかもしれません。この「深谷シネマ」には、市民目線が生んだ「夢」が詰まっていると私は感じました。

深谷市では、まちを盛り上げるために、映画のロケ地も積極的に提供しており、古き街並みが多くの映画のシーンとして使われています。さらにはフィルムコミッションと協力し、市民エキストラの募集も行っています。地元に映画館をつくるだけに収まらず、このまちの人たちは映画文化そのものを楽しんでいるようです。

「別府ブルーバード劇場」七十年以上の歴史を紡ぐ奇跡の映画館

日本屈指の温泉地である大分県別府市。ＪＲ別府駅から歩いて五分ほどの場所にあるのが「別府ブルーバード劇場」です。開館は一九四九年。七十年を超える歴史をもつ映画館です。温泉地の風景に溶け込んだレンガ造りの入り口は、訪れる人すべてに郷愁を誘います。この映画館で館長を務めるのが岡村照さん、御年九十二歳です。

映画館をつくったのは、父親の中村弁助さんです。もともとは別府市で葬祭会社を経営していた中村さんですが、戦争の影が残る日本の子どもたちに夢を与えてあげたいという思いから、映画館の開館に踏み切ります。映画好きの父親の影響を受けた照さんもまた、いつしか映画の仕事に関わりたいという思いが強くなりました。

父が映画館を開業したのは、照さんが高校三年生のときでした。両親は大学に進むことを望んでいましたが、照さんは進学より映画館を手伝う道を選んだのです。当時、映画の世界は活気に溢れていました。心から映画を愛する照さんにとっては、日々の暮らしのなかに映画がある。それだけで幸せを感じていたのでしょう。

親子で力を合わせた映画館経営。それは照さんにとっては幸せな時間でした。しかし、一九七〇年に病で療養していた父が亡くなります。そのとき父の後を継いで館長となったのが照さんの夫でした。広島出身の夫は、大学時代はウクレレの演奏者で、音楽と映画を愛する優しい人でした。父親からの信頼も厚く、これから二人で映画館を守っていこうと約束しました。ところが、夫もまた父が亡くなった翌年に旅立ってしまいます。

残されたのは照さん一人。「別府ブルーバード劇場」を守っていくのは自分しかいないと覚悟を決めます。

当時の映画館経営は順調だったといいます。石原裕次郎という大スターが現れ、日活映画を上映すれば客足が途絶えることはありませんでした。深夜に行われるナイトショーにも、行列が続いていたそうです。

70年以上の歴史を誇る「別府ブルーバード劇場」と館長の岡村照さん（右手前から2人目）

　さらに昭和五十年代に松竹の封切館としてリニューアルしたときは、渥美清さん演じる**「男はつらいよ」**シリーズが大ヒット。とくに別府が作品の舞台となった**『男はつらいよ　花も嵐も寅次郎』**は、開業以来最高の興行成績を記録しました。その資金を運用して幾度かの改築を重ね、現在の五階建てのビルにまで発展したのです。

「夫はアイデアマンだったんです。二人で父の後を継いだとき、二階にあった喫茶店を改造して、映画を観ながら飲食ができるようにしました。これも夫のアイデアでした」

映画館運営が照さん一人の肩にかかっていましたが、当時の映画上映には、映写技師の存在が欠かせません。いまのようにコンピュータで制御するのではなく、映写技師としての技術を身につけた人間がいなければ映画上映はできません。ところが、当時雇っていた映写技師は、時間にルーズでちょくちょく遅刻をします。そのたびに上映時間が遅れて、お客様を待たせることになる。そこで照さんは、自ら映写機の操作を習得することにしました。操作を間違えるとフィルムが途中で切れたりする。毎日ひやひやしながら映写機を回していたそうです。映画館経営から映写機を回すまで、映画館のすべての業務をやってのけていたのです。

「別府ブルーバード劇場」が開館してから七十余年。映画を取り巻く環境は大きく変化しました。とくにここ数年は、コロナ禍の影響もあり、休業を余儀なくされる時期もありました。いまでも一日の観客が一桁というときもあるといいます。それでも照さんはいつも前を向いています。

「何とかなる、という性格ですから。それに、もしもここが閉館すれば、このまちにいる子どもたちが映画館で映画を観ることができなくなります。ＤＶＤなどではなく、映画館でみんなと一緒に観る楽しみ。それを子どもたちから奪ってはならない。それが父の思いでしたから」

「ブルーバード劇場」のレトロな佇まいに惹かれて、多くの人たちが全国各地からやってきます。映画のロケ地として使用されることも多い。なかには「名画座」だと勘違いする人も多いといいます。しかし、この劇場では二週間に一度、上映する五作品をすべて入れ替えているのです。九州ではここでしか上映されない作品や、最新の作品まで上映しているのです。さらには二〇一七年からは独自の映画祭「Beppu ブルーバード映画祭」を毎年秋に開催。短編映画を合わせ、三日間で三十を超える作品を上映しています。この映画祭には映画監督や俳優たちが多く訪れます。

地元の人たちばかりでなく、多くの映画人に愛されている映画館。それがこの劇場なのです。いまなお色褪せない岡村照さんの映画愛に、私は心から敬意を表します。

「湯布院映画祭」映画館のないまちの日本最古の映画祭

大分県由布市湯布院町《ゆふいんちょう》は大分県の山間《やまあい》にある静かな温泉地です。この小さな温泉地を有名にした一つに「湯布院映画祭」があります。一九七六年に始まったこの映画祭は、各地で開催されている映画祭のなかで最も古い歴史をもっています。

どうして小さな温泉地で、全国で初めての映画祭が開催されるに至ったのか。その歴史を紐解いてみました。いまでは日本屈指の人気温泉地として認知されている湯布院ですが、この名を全国に轟《とどろ》かせたのは、三人のキーマンの存在でした。

一九七〇年代は、別府温泉が繁栄をきわめていました。その別府から西へ向かったところにあるのが、かつてはひなびた温泉地であった湯布院です。「奥別府」と称され、「別府様には及びもしないが、せめてなりたや天ケ瀬《あまがせ》に」とうたわれました（天ケ瀬は日田《ひた》市にある名湯）。大型旅館が建ち並ぶこれら温泉地の真似をしたくとも資金がない、何とか食っていける温泉地をと模索していた中心的人物が、「亀の井別荘」の中谷《なかや》健太郎氏、「玉の湯」の溝口薫平《みぞぐちくんぺい》氏、そして「山のホテル　夢想園」の志手康二《してこうじ》氏の三人です。

彼らは旅館経営のかたわら、常に湯布院町の未来を考え続けていました。旅館というのは、いってみればまちの観光資源でもあり、象徴ともなる存在です。どんなに美しい風景をもっていても、心と身体を休める旅館がなくては人は集まりません。反対に、どんなに旅館の設備を立派にしたところで、まちに魅力がなければ観光客は訪れません。旅館の経営者たちはそのことを熟知しています。自分の宿さえ儲かればそれでいい。そういう考えではいけない。常にまちのことを考えなければいけない。まちおこしの牽引役でなくてはならない。三人のなかには、そんな思いがあったのです。

一九七〇年七月、湯布院町を揺るがすニュースが街中を駆け巡りました。湯布院の近くにある景勝地・猪の瀬戸《いせど》湿原に「ゴルフ場建設計画」が持ち上がったのです。「農民の生活は苦しい。土地を売ってカネが入り、レジャー施設で働ければ助かる」と歓迎する声がある一方で、「ここにゴルフ場がつくられれば、湯布院温泉はどこにでもある温泉地になってしまう」と町民の意見は真っ二つ。先の三人はこのまちのよさが奪われてしまっては と、「由布院の自然を守る会」を結成してゴルフ場建設反対運動を展開、ゴルフ場建設を阻止したのです。

ゴルフ場建設が白紙に戻された一九七一年、三人はヨーロッパ各地の温泉保養地や観光地を視察します。ヨーロッパの観光地でいちばん大切にしているのは自然です。いかに自然を壊さずに、自然と共存するまちづくりをしていくか。経済第一ではなく、自然と人間が第一のまちづくり。どのような思いがそこにはあるのか。その心を学ぶために、五十日間にもわたる視察旅行に出発したのです。

彼ら三人が訪れたのは、ドイツのバーデン・バイラーという温泉地でした。標高千百六十四メートルに位置し、住民は五千人足らずという小さなまちです。どこか湯布院に似ているこのまちで、彼らは大きなヒントを得ることができたのです。

中谷、溝口、志手の三氏を待っていたのが、バーデン・バイラーで小さなホテルを営んでいたグラテウォルさんでした。まちづくりにとって大切なこととは何ですか。私たちは何をすべきなのでしょう。三人の問いかけに、グラテウォルさんはこう答えました。

「まちにとっていちばん大切なものは、緑と空間と静けさです。その三つを大切に育て、守っていくために、あなたがたは何をしていますか？」

この言葉に三人は恥ずかしさで顔が真っ赤になったといいます。自分たちはまちおこしのための手段や方法ばかりに目が向いていた。そうではなく、自分たちのまちがすでにもっている緑と空間と静けさにこそ目を向けなくてはいけない。まちおこしの本質はそこにあったのだ。

地域の活性化といえば、つい新しい施設を考えがちです。立派な施設を建てたり、いままで使ったことのないような最新設備を導入したり。それらは完成したときには誇らしげに見えるけど、時間が経つにつれて色褪せてしまいます。そんな上物《うわもの》をつくるのではなく、自分たちの「手づくり」で映画祭を起こし、湯布院町を「文化の力」で盛り上げようと彼らは立ち上がったのです。

じつは、湯布院町には映画館がありません。映画館がないまちで開催される映画祭は、おそらく日本中でここだけでしょう。

「湯布院映画祭」は毎年八月に、四日間にわたって開催されます。初日の前夜祭には、ＪＲ由布院駅前の広場に巨大なスクリーンが設置され、野外上映が行われます。四日間の映画祭には毎年、全国から観客が訪れます。映画監督や役者など、映画に携わる人たちも多く訪れ、参加者たちと映画談議を楽しんでいます。

さらに一九八九年には児童向けの映画を対象に上映する「ゆふいんこども映画祭」が始まりました。一九九八年からは記録映画やドキュメンタリー映画に絞った「ゆふいん文化・記録映画祭」も新しく加わりました。

映画祭ばかりでなく、「ゆふいん音楽祭」や「牛喰い絶叫大会」といった珍しいイベントもあります。これらに共通していることは、すべてのイベントがまちの人たちによる手づくりだということです。

溝口さんはいいます。

「まちづくりのイベントは手づくりにかぎります。もちろんイベント会社に頼んでしまえば楽ですし、立派なものもできるでしょう。しかし、それには少なくないお金もかかりますし、何よりも自分たちでつくりあげたという喜びも生まれません。まちに残っていくイベントとは、やはり地元の人たちの手でつくられたものだと思います」

日本各地に古くから伝わる祭りがあります。数えきれないほどの祭りがいまも続いていま す。数百年も続いてきた日本各地の祭り。それを大切にしてきたのは、いうまでもなく祭りが行われる地元の人たちなのです。

それぞれのまちに暮らす人々の思いなくして、祭りが続くことはありません。そして、数百年も続く祭りのなかには、きっとこの湯布院で生まれたようなものもあるのだと思います。そのまちを愛する人たちがつくりあげた祭りがきっとある。建築物はやがて朽《く》ち果ててしまいますが、祭りは朽ち果てることはありません。そのまちに人々が暮らすかぎり「まちの祭り」は消えることはないのです。

映画館のないまちで行われる「湯布院映画祭」。この湯布院というまちが、大きなヒントをくれたような気がします。

一九七六年から四十年以上の歴史を刻んできた「湯布院映画祭」。立役者の一人である志手さんは、残念ながら五十一歳という若さで他界しましたが、中谷さんと溝口さんは由布院温泉観光協会の会長を務め、湯布院のまちおこしに尽力しました。若くして亡くなった志手さんの奥様（淑子さん）もまた、志手さんの遺志を継ぎ、観光協会会長の職を務めました。

世代交代は順調に進み、溝口さんの娘さんの桑野和泉さんは「玉の湯」の後継者としてまちのために力を尽くしています。まちおこしには必ずキーマンとなる人間がいます。彼らの強い志によってまちは変わっていく。しかし、大切なことは、そのキーマンの後を誰が継ぐかということです。

先人が残してくれた「想い」を次世代の人たちが受け継いでいく。そうしてまちの歴史や文

「湯布院映画祭」を立ち上げた３人衆の１人である「亀の井別荘」の中谷健太郎さん（写真上段）。現在、「玉の湯」は溝口薫平さんの長女である桑野和泉さん（写真中段）が社長を継ぎ、「山のホテル　夢想園」は志手康二さんの奥様である淑子さん（写真下段、左から２人目）が会長として宿を守っている

化が続いていくのです。湯布院というまちの「祭り」は、いまも若者たちの手によってしっかりと受け継がれているのです。

英国「スウィンドン・シネマ」アナログのみを上映する唯一の映画館

各地のまちなか映画館の取材を進めているなか、私はとてもうれしいニュースと出合いました。そのニュースはイギリスの『ガーディアン』紙が伝えた記事でした。

イギリス南部にあるスウィンドンというまちには、一九三〇年代に建てられたホールがあるそうです。ホールにある映写機は古く、いまのデジタル技術からはかけ離れたものです。もうこのホールに人が集まることはないだろう。地元の人たちもそう思っていたことでしょう。

しかし、この歴史あるホールを再生させた若者がいたのです。今年で二十歳を迎える青年の名はジョー・コーニックス君。このまちで生まれ育った彼は、古きホールに愛着を感じていた。このホールをまちからなくしてはいけない。ジョー君は昔から使われていた映写ボックスに加えて、三十五ミリの映写ボックスを設置しました。

ホールの名前は「スウィンドン・シネマ」。アナログのみを上映する映画館に再生させたのです。アナログだけを上映する映画館は、世界でここだけです。

デジタルの時代に、はたしてアナログ映画を観に人はやってくるのか。ジョー君の心配は杞《き》憂《ゆう》に終わりました。クラシックなヴィンテージ感に引き寄せられた若者たち。青春時代を懐かしむお年寄りたち。そんな客が全英からこの小さなまちにやってくるようになったのです。「これほど大きな反響があったことは驚きでした。きっと多くの人が、現代のシネコンの上映方法にうんざりしているのだと思います」

現在は映画業界で働いているジョー君はインタビューでそう答えています。この言葉を聞いたとき、私の頭には「感性のリバイバル」という言葉が浮かびました。

昨年アメリカでは、レコードの売上がＣＤを抜きました。かつては主流だったＬＰレコードは、ＣＤの登場によってすっかり姿を消した時期もありましたが、ここ数年で改めてその魅力が注目され始めたのです。

考えてみれば、Ｚ世代と呼ばれる若者たちにとっては、ＬＰレコードの存在など知りません。ＣＤどころか、彼らにとって音楽は通信を使って手に入れるものでしょう。そんな若者たちが、ＬＰレコードに夢中になっているのです。それはきっと、感性のリバイバルという現象ではないかと私は思っています。

たとえば、ＬＰレコードとＣＤでは何が違うのか。一言でいってしまえば、ＣＤには一切の雑音が入りません。一般の人の聴覚で聞こえる範囲のヘルツだけを取り出し、音楽以外の雑音の一切を排除しました。それに比べてＬＰレコードには雑音が少し混ざります。それは音楽を邪魔するようなものではありませんが、ＬＰレコードに針を落とすと、わずかの雑音があります。じつはその雑音のなかにこそ、感性を揺さぶる音が存在するのかもしれません。その感性の雑音を技術の力によって消してしまった。技術自体はすばらしいものですが、それがかえって私たちの感性を鈍感にしたのかもしれません。

さらに、ＬＰレコードをお店に買いに行き、家に帰って素敵なジャケットからレコード盤を取り出し、そしてプレイヤーにそっと乗せて、慎重にレコード針を落とす。それから少し間をおいて音楽がなり始めます。「手間がかかることが楽しいんです」と。

音の世界だけでなく、二〇二三年八月二十六日の『日本経済新聞』夕刊の一面トップにこんな記事が掲載されました。

「フィルムカメラ人気が若者の間で広がっている。スマートフォンやデジタルカメラでの撮影が当たり前のデジタルネーティブの世代にとって、フィルム独特の画質や不便さが、新鮮な体験として支持を得ている」

時代や技術は移り変わっても、人間が本来もっている感性が変わることはありません。どんなに時代が進もうと、失われることのない感性が必ずある。そんな感性にいま一度、目を向けることが大事なのです。

私は二〇一二年に発足した「グローバルビジネス学会」の理事を拝命していますが、その学会で講演をしました。講演を聴いているのは全国の大学教授です。まさに若者たちと身近に接している人たち。そんな教授に向かって私はいいました。

「Z世代といわれる若い人たちの感性にもっと目を向けてください。彼らを否定することなく、彼らに迎合することもなく、ただ純粋に彼らの感性に目を向けてください。世代を超えた感性の交流のなかにこそ、日本を元気にするたくさんのヒントがあると考えています」

第6章

【特別対談】田中美里さんとの映画談義

二宮金次郎の妻役で七キロも増量

蓑宮　このたびは「小田原まちなか映画館」設立にあたり、映画『二宮金次郎』のメガホンをとられた五十嵐匠《しょう》監督、金次郎役の合田雅吏《ごうだまさし》さん、そして金次郎の妻役の田中美里さんのお三方に名誉館長をお引き受けいただき、まことにありがとうございます。

田中　こちらこそ大役を仰《おお》せつかり、光栄に感じるとともに、私に務まるのかと緊張しております。

蓑宮　いえいえ、これで映画館に箔《はく》がつき、うれしいかぎりです。なんといっても二宮金次郎は小田原の誇りであり、その映画に携わった方々が映画館の応援団になっていただけるわけですから、こんなありがたい話はないですね。

『二宮金次郎』（五十嵐匠監督、2019年）

田中　撮影が始まったのが二〇一七年の秋で、二〇一八年十月に完成披露でしたね。それから五年が経ちましたが、いまでも全国各地で上映されているとうかがい、息の長い作品になったことを喜んでいます。

蓑宮　はい、おかげさまで、企業の社員研修で好評をいた

二宮金次郎の妻役を務めた田中美里さんと

【田中美里さん略歴】
1977年、石川県生まれ。1996年、第4回「東宝シンデレラ」審査員特別賞受賞。1997年、NHK連続テレビ小説『あぐり』のヒロインに抜擢されデビュー。その後、ドラマ・映画・舞台に多数出演。主な映画出演作に『みすゞ』『ゴジラ×メガギラス　G消滅作戦』『能登の花ヨメ』『二宮金次郎』『人』などがある。また韓流ドラマ『冬のソナタ』でチェ・ジウ演じるヒロイン、ユジンの吹き替えを務めたほか、柔らかく印象的な声を生かしてナレーターやラジオのパーソナリティーとしても活躍している。さらに2019年の春、自身がプロデュースする帽子ブランド『ジンノビートシテカッシ』を立ち上げた。

だいているほか、学校やさまざまな団体から上映の依頼がきているそうです。それはやはり五十嵐監督の情熱に負うところが大きいですよね。「二宮金次郎カー」なるものを特注し、市民館や公民館などでも大迫力で鑑賞できるように、映画館と同じレベルの映写機と六メートルのスクリーンを車に積みこみ、全国行脚《あんぎゃ》をいとわないという行動力には感服します。

田中　金次郎の教えに

「積小為大《せきしょういだい》」（小さな努力をこつこつと積み重ねていけば、いずれは大きな収穫や力に結びつくという意味）がありますね。その言葉を体現するような作品になっているのではないかと、つくづく実感しています。

蓑宮　私も同感です。ところで、美里さんとお会いするのは試写会以来五年ぶりですが、お痩せになった美里さんを見るのは初めてなので、感動しています（笑）。

田中　そうですか（笑）。五十嵐監督から「もっともっと太ってくれ」とオファーがあったので、頑張ってふくよかになりました（笑）。

蓑宮　あとで聞いたら、七キロも増量されたとか。

田中　はい、そうです、そうです。

蓑宮　俳優は目に見えないところで苦労されているなと思って。大変なんですね。

田中　私は食べるのが大好きなので、あまり苦になりませんでした。むしろ、合田さんのほうが私よりも体重の増減が大変だったと思います。断食のところから撮影が始まったので、最初に七キロ落として、そのあと七キロ増やしたわけです。合田さんは短い期間で、痩せて、太って、をみごとにやってのけたので、すごいなって思いました。

もともと人見知りで俳優志望ではなかった

蓑宮　『二宮金次郎』の撮影秘話はあとでじっくりおうかがいしたいと思います。さて、美里さんは一九九六年、十九歳のときに第四回の東宝シンデレラオーディションで審査員特別賞を受賞されました。そもそも芸能界に進むきっかけは何でしたか。小さいころから俳優に憧れていたのですか。

田中　じつは憧れていなかったんです（笑）。小さいときから人見知りが激しい子だったので、母が、小学校の低学年だったと思うんですけれども、なんとか直したいということで、地元の児童劇団に入れたんですね。学校の先生が教えているような劇団でした。初めて児童会館でお芝居をしたときは、舞台の上に立つこと自体が恥ずかしくて、「もうどうしてこんなところにいるんだろう」という感じでした。

蓑宮　それは驚きです。

田中　でも、だんだん慣れてくるうちに、舞台の上に立ったときに、なんとなく自分じゃない感覚になったんです。すると、不思議なんですが、すごく大胆になれる自分がいることに気づいたんです。いま振り返ると、そこが始まりだったのかなって思います。自分は俳優になるとは思っていなかったんですが、いざ俳優になってみると、あのときの経験があってよかったなと思いますね。

蓑宮　私も若いころ、会社のヘルメットをかぶって車を運転すると、なんかすごく気が大きくなって、「どけどけ」という感じになったのにやや似ていますね（笑）。もしかしたらお母さまは美里さんの隠れた才能を見抜いていたかも。

田中　はい、私よりも家族が、芸能の道に行ったほうがいいんじゃないかってオーディションの書類を送ってくれていたんですが、当の本人はすごく恥ずかしくて。芸能といっても、モデルもあったり、歌手もあったり、役者もあったり、たくさんありますよね。ところが、家族もわからないまま（笑）、漠然とそういう道がいいんじゃないかという感じで背中を押されていたので、ちょっと自分には合わないんじゃないかなと思いつつも、すべてを背負って自分の夢みたいになっていたところはあります。

1997年、『あぐり』のヒロインに抜擢される

蓑宮　家族がたくさん書類を送ったオーディションの一つが東宝シンデレラオーディションだったわけですね。

田中　そうなんです。しかも、東宝シンデレラオーディションで審査員特別賞をもらってから、すぐに『あぐり』（一九九七年四月から十月まで放送されたＮＨＫ連続テレビ小説の第五十六作）の主演に受かったんです。シンデレラに受かって、ふるさとの石川県から東京に行く準備をしているときに、「まだ書類審査が間に合うから出しといたよ」というところから始まって、もう重なるように『あぐり』のオーディションを受けて、あれよあれよという間に（笑）、受かってしまったんです。

蓑宮　まだ女優のイロハもわからない段階で、いきなり受かるのは快挙でしたよね。審査でのエピソードとかありますか。

田中　最終審査か、その前あたりで、「パントマイムをやってください。お題は、図書館で勉強しているうちに寝てしまった。その夢のなかを表現してください」みたいな課題が出たんです。もちろん本格的なお芝居はやったことがなかったので、パントマイムをやったあとに、動きだけでは何をやっているか自分で説明ができなくなってしまい、「これはカラスに頭をつかまれて大騒ぎしているところです」と口でいってしまったんです（笑）。ああ、これはもう落ちたなって思ったら、トントンと受かっていったので、あのときはほんとうに自分の力というよりは、すごいパワーで背中をポーンと押されたというか、すごい力で引っ張られて、そこに導かれているような、そんな気持ちになりましたね。じつは、その時点でも引っ込み思案は直っていなくて、これを最後にしようと思っていたオーディションだったんです。

蓑宮　役者の神様が後押ししてくれたんですね。君を待っていたよ、というふうに。ところで、初めてのテレビドラマの撮影はいかがでしたか。

田中　『あぐり』の撮影はお稽古も含め九カ月間でした。日本の美容師の草分けとも呼ばれる吉行あぐりさんの実話エッセイをモチーフとしたドラマでしたので、明治時代の風習や所作を学んだり、美容師の基本を勉強したり、たいへんでしたけれど楽しかったです。それは私の夫役の野村萬斎さんのおかげかもしれません。台本以上の面白さをいつも演じてくださって。ワンシーン、ワンシーンで必要な小道具とかをスタッフのみなさんにお願いしたりとかして、台本を読んだだけではわからない表現を萬斎さんがされるんですね。そのとき、あ、これは想像力をいっぱい使うお仕事なんだと気づいたんです。私自身、いつも頭のなかでいろいろ空想しながら学校に通っていた女の子だったので、あ、これは私、好きかもしれないと思ったんです。

蓑宮　それは『あぐり』をやっている最中に?

田中　はい。『あぐり』のお芝居をしながら、「ああ、私、俳優を続けていきたいな」と思ったんです。

蓑宮　いきなりNHKの朝ドラ、しかも主演ですよね。撮影は順調でしたか。

田中　右も左もわからなかったのが、かえってよかったのかもしれません。『あぐり』には里見浩太朗さん、星由里子さん、田村亮さん、松原智恵子さん、草笛光子さん、名取裕子さん、とすばらしい俳優さんたちがたくさん出演されていて、たぶんこの世界のことを知っていたら、もう恐れ多くてお芝居なんかできなかったと思います。よくわからないまま、「この人たちはすごい人なんだ」ぐらいの感じで撮影に入ったので、それで救われたかなと思います。

女性としても俳優としても憧れる人

蓑宮　美里さんが俳優を目指すきっかけは、お母さまが児童劇団に入れたことでしょうが、何か憧れの映画とかヒントになった映画とかはあったんですか。

田中　いや、ないのです。自分のなかで小さいころから俳優になりたいと思っていなかったので。強いてきっかけになったと思うのは、私の母が一作品だけ映画に出ているんですよ（笑）。

蓑宮　ほう。

『ファンシイダンス』（周防正行監督、1989年）

田中　『ファンシイダンス』（一九八九年公開、周防《すお》正行監督、原作は岡野玲子の漫画）という作品に私の母が出ているんです。本木雅弘さんが主演の、修行僧の物語で、石川県がロケ地の一つでした。そのとき、田口浩正さん演じる修行僧の母親役がまだ決まっていなくて、周防監督がすごく悩んでいらっしゃったそうです。で、たまたま周防監督が入ったカフェで私の母がお茶を飲んでいて、「あ、この人だ」みたいな（笑）。

蓑宮　田口さんとお母さまは似ているんですか、顔とか。

田中　田口さんと、ふくよかさが似ていました（笑）。母もちょっとふっくらしたタイプだったので、たぶんそれで選ばれたのかと思うんですが。当時、私は中学生でしたが、母が撮影に参加するときは現場を見学できたんです。そのとき、本木さんの恋人役の鈴木保奈美さんを間近で見て、「ああ、なんてきれいな人なんだ。俳優さんってすごいな」と感激した記憶があります。いま考えたら、鈴木保奈美さんに憧れをもったのが俳優になるきっかけだったかもしれないですね。

蓑宮　地元に映画館はありましたか。

田中　ありました。でも、私が通った映画館はなくなってしまいました。親によく連れていってもらったのは小学生のころで、当時二本立てで観ることができたのが楽しかったのを覚えていますね。

蓑宮　どんな映画が好きでしたか。

田中　『グレムリン』（一九八四年公開）とか、『ゴーストバスターズ』（一九八四年公開）とか、『グーニーズ』（一九八五年公開）とか、そういう映画が好きでしたね（笑）。

蓑宮　目標とする俳優さんとかいますか。

田中　私はけっこう、素敵に年を重ねられている俳優さんとたくさん共演させていただいていて、たとえば香川京子さんはほんとうに言葉遣いが丁寧で、監督に質問するときの言葉遣いもすごく美しくて、「監督、ちょっと、一つよろしいかしら」みたいな感じでおっしゃるんですね。それがすごく印象的で、あんなにもすばらしい方なのにとても謙虚なので、女性としても俳優としても私の目指すところではあるかなと思っています。

蓑宮　香川さんは御年九十一歳にもかかわらず、昨年公開の、五十嵐匠監督の『**島守の塔**』に出ていましたね。なかなか味のある役で感服しました。ところで、われわれはサユリストの時代ですが、いかがですか。

田中　サユリストですか（笑）。私、まだお会いしたことがないんです。ずっと第一線で活躍されていて憧れの俳優さんです。

蓑宮　吉永さんもいい年の取り方をしている。だから、若いころの吉永小百合さんよりいまのほうが好きですね。

田中　表情がすごく豊かで素敵ですよね。共演できるとしたら夢のようですが、もしそんな機会があったら幸せです。

五十嵐匠監督から教わった芝居の本質

蓑宮　映画デビューは『あぐり』放映の翌年（一九九八年）の『一本の手』ですね。私は失礼ながら観たことがない。松山善三監督が手掛けた舞台ミュージカル『ご親切は半分に…』を基に映画化した作品で、有料老人ホームで巻き起こるさまざまな人間模様をさわやかに描き出した感動作とのこと。美里さんは有料老人ホームで、多忙な毎日を送る新任の介護福祉士ミツ子役だそうですが、テレビと映画の違いはどんなところにありますか。

田中　私は、ドラマも映画も舞台も全部違うと思っています。もちろん嘘のない気持ちで演じるのは同じなんですが、やはり映画って大画面なので、すごく大げさなお芝居をしてしまうと、スクリーンではちょっと騒がしく映ってしまうんですね。

だから、ただスッと立っている姿が美しいとか、無表情でいても感情が伝わるというものを映画では目指したいなと思っています。もちろん「大げさにやって」といわれるときもありますし、コメディーの場合も演じ方が違うんですけど、スッと立っているだけで心情がわかったりとか、絵になるようなものを演じたいですね。映画って、人間的な成長を全部見透かされるような気がするので、そういう意味では、年を重ねていくたびに映画の枠のなかは絵になっていくんじゃないかなって。だから、まだちょっと私のこういう部分が足りないなっていうような部分が丸わかりしてしまうのは映画だし、怖くもあり、そこが面白いところでもあるなと思います。

蓑宮　『あぐり』のような人気ドラマは再放送されたり、ＤＶＤとして発売されるけど、普通のテレビドラマは一回で終わりというのが多いですね。でも、映画はずっとＤＶＤで残りますからね。

田中　そうですね。ずっと残っていくものだから、緊張感はありますね。

蓑宮　その後、**『みすゞ』『ゴジラ×メガギラス G消滅作戦』『能登の花ヨメ』『人』**など、数多くの映画に出演されてきましたが、思い出に残っている作品があれば教えてください。

田中　五十嵐匠監督の作品は、ちょっとしたワンシーンの役も含めたら、けっこう出させていただいているんですけど、やはり『みすゞ』の撮影のときがすごく印象的です。金子みすゞは二十六歳で夭逝《ようせい》する詩人です。当時の私はまだ二十三歳で、実在する人物に近づこうと自分なりに努力するのですが、五十嵐監督は、「金子みすゞじゃないな」といって撮ってくださらないんですよ（笑）。でも、私にみすゞが憑依《ひょうい》するというのもまた違うと思うし、どういうことなのか全然わ

『みすゞ』（五十嵐匠監督、2001年）

からなくて。ある日、監督が、部屋を引きで映していたときに、「みすゞ、別にいなくなりたかったら、いなくなっていいんだよ」といったんですよ。

蓑宮　それは深い言葉ですね。

田中　役者って、画角《がかく》が決まったら、その画角内で自由に動くことはあっても、その画角から外れちゃうのは想定外なんですね。もちろんそういうお芝居があれば外れますけど、そこにいなきゃいけないのに外れちゃうというお芝居をしていいんだよっていわれたことが初めてだったので、あ、そんなに自由に動いていいんだと思ったら、少しずつ自分のみすゞ像というのができあがってきたんです。

たとえば、田中美里だったら、お水を注ぐシーンではお水をこぼさないようにお芝居をしちゃうんですが、みすゞに近づいていくにつれて、「あ、こぼしたらきっと水がふわっと飛び散るのがきれいだろうな」という考えになって、カメラマンさんに迷惑かなとか、小道具が濡れてしまうかなとか、そういう邪念がなくなり、パーンとこぼせるようになったりしました。そういうふうに変化することで、これがみすゞになりきるということなんだなと感じました。この作品で、お芝居の本質みたいなものを五十嵐匠監督から教わったので、何かがんじがらめになっちゃって枠から飛び出せないという気持ちになったときは、あのときの言葉を思い返してお芝居をするようになりました。

『冬のソナタ』の吹き替えは「自分らしく」でOK

蓑宮　美里さんといえば『冬のソナタ』をはじめとする韓国の国民的女優であるチェ・ジウさんの吹き替えでも有名ですが、自分で演じるときとの違いや難しさはありますか？　また逆に面白さもあるのかなと思うんですけど、いかがですか。

田中　俳優さんのブレスとか息継ぎとかも全部見たうえで、セリフを合わせてはめていかなくちゃいけない面白さというのがあって、それがピッタリはまったときはうれしいですね。

その俳優さんの声に合わせてほしいと要望されるケースも多いんですが、私がチェ・ジウさんを演じさせていただいたときは、私らしさで大丈夫です、チェ・ジウさんの声に合わせなくて大丈夫、日本人らしい感性でやってくださいとおっしゃっていただいたので、あ、そうかと思ってやったんです。みなさん、ご存じかと思いますが、韓国の映画やドラマって、感情がぶつかり合う激しい場面がけっこうあるじゃないですか。俳優さんがものすごい形相で怒っていたり（笑）。それを吹き替えで同じようにやってしまうと、きつくなりすぎてしまうときもあるんですね。そこで、少し違うテイストで声を入れると、その俳優さんの表情が和らいだり、変化して見えるんですね。それはすごく面白いなって思います。

蓑宮　そんな裏技を駆使していたとは、初めて知りました。

田中　私も初めての経験だったのですが、声の入れ方によって作品の感じというか雰囲気が変わっていくことを学びました。それは吹き替えだからできる面白さでもありますね。字幕でそのまま見るのも楽しいけれど、違った雰囲気ということで見ていただけたらうれしいなと思います。

蓑宮　『冬のソナタ』の新発見ですね。もう一回見直して、美里さんの声をチェックしてみます（笑）。

田中　ありがとうございます（笑）。

蓑宮　映画でクランクインする前の準備やクランクイン後の生活スタイルなど、美里さんなりの流儀はありますか。

田中　作品によって違いますが、実在する人物であれば、資料をたくさん取り寄せて読んだりとかします。でも、また五十嵐監督の話になってしまうのですが、監督からもたくさん資料を渡されたし、自分で集めた資料も見たあとで、最後の最後に監督が、「でも、これぜーんぶ、その人の主観で書いたみすゞさんだから、それをぜーんぶ入れたら、ぜーんぶ忘れて、役の台本のときのみすゞさんになってね」といわれたんですね。その言葉もすごく印象に残っています。

資料を読むと、こういう人なんだと思いがちになりますが、そこはあまり信じ込まないというか、いろいろな角度からその人の人物像を想像したうえで、それを一回、頭の中に入れてしまったら、そういう人だと頭で考えるのはやめよう、というのは気をつけているところですね。

また、参考資料を読んでいるうちに、これはあまり決めつけずに現場で役をつくったほうがいいなと思ったら、気持ちだけ整理して、あとは何も決めつけずに行くこともあります。

蓑宮　映画とドラマを同時に撮影しているときもあるでしょう。そういうとき、気持ちの切り替えはどうするんですか。

田中　若いときは大変でした。一つに絞ってもらえないかなと思っていました（笑）。同時進行はやめてほしいなって。いまでも慣れなくて、極力一本ずつやるようにはしているんですが、重なってしまった場合は、スイッチのオンオフは以前よりはうまくできるようになっているかなと思います。もうギリギリまではその人にならないって感じです。撮影の一日中、その人になるということはあまりしていないかもしれないです。ほんとうに撮影するギリギリまでは自分でいて、撮影に入った瞬間にその人に入るという感じですね。

ヒルのいる泥を顔につけるシーンは印象的

蓑宮　そろそろ『二宮金次郎』の話に移りたいのですが、五十嵐匠監督とは若いときからご縁があって、『二宮金次郎』の話が来たときはどう思いましたか。撮影秘話があれば教えてください。私もあるんですけど。

田中　あ、何ですか。先に教えてください（笑）。

蓑宮　映画をつくってほしいと言い出しっぺでもある私は、市民応援団の団長として、製作費二億五千万円の一割にあたる二千五百万円を目標に、資金集めに奔走しました。おかげで、目標を大きく上回る三千万円近くが集まりました。一方、別枠として小田原市も協賛金を出すことが決まっていました。しかし、お役所ですから、議会の承認等、手続きに時間がかかっていました。

田中　そうでしたか。

蓑宮　そんな矢先、団長の私と副団長の古川達高さんが、五十嵐匠監督とプロデューサーの永井正夫さんに小田原駅近くの喫茶店に呼び出されます。そこで永井さんから、「このままでは製作費が足りなくなり、キャストのギャラが払えない。あなたが大ファンの田中美里さんに

ヒルだらけの泥のなかで演じたシーン（映画『二宮金次郎』公式サイトより）

もギャラが払えない。みのさん、なんとかしてよ」といわれたんです。

田中　えー、ウソだー（笑）。

蓑宮　はい、脅《おど》されました（笑）。それでいくら足りないかと聞いたら、一千万円だというから、副団長の古川さんが立て替えることで何とかしのぐことができたのです。

田中　ああ、そうなんですか（笑）。まさか私の名前が出されているとは（笑）。

蓑宮　永井さんも五十嵐監督も人の心を読むのが得意だから、みごとに術中にはまってしまった。美里さんのギャラが未払いって聞いたら、「えー！」って思うでしょ。なんとかしなきゃいけないでしょう？

田中　あの厳しい目つきでいわれたわけですね（笑）。

蓑宮　それで、ギャラはちゃんと支払われましたよね？

田中　え？　私は知りません（笑）。

蓑宮　話を戻しますと、金次郎の妻役のお声がかかったときはどんな気持ちでしたか。

田中　すごくうれしかったですね。もう一つの役とどっちがいいかみたいな感じでした。

蓑宮　ああ、他の役もあったんですね。

田中　はい、いろいろと候補があったんですけど、どうしてもこの役をやりたいと要望しました。台本もすばらしかったです。お芝居のなかでは、二宮金次郎が土下座するシーンがありますよね、雨が降るなかで。あそこで私が自分の顔に泥を塗るんですが、あれは台本に書いていないんです。金次郎が泥だらけでずぶ濡れになっているとき、心で通じ合える夫婦だったら、金次郎と同じ姿になるのが自然じゃないかって、泥だらけなんて私はへっちゃらですよという思いを、言葉を使わずに表現したいなって思ったのです。

蓑宮　あれ、けっこうほんとうに泥だらけだったでしょう？

田中　はい。最初はリハーサルのときにやったんですね。そうしたら、監督が「それいいね、やろう」といってくださったので、本番もそのままいったのです。あの雨降りは嘘の雨じゃないですか。で、雨降り係が雨を降らしていたら、なにかが泥のなかをうごめいているんです。うん？　なんだ？　とよく見たら、ヒルがいっぱいいたんですよ。

蓑宮 ええ？ それは初めて聞く秘話だなあ。

田中 うわー、これ、どうやって泥を顔につけようかって（笑）。

蓑宮 あのときのロケは栃木でしたね。

田中 そうです。元気なヒルがいっぱいいて、ピチピチしていました。それでも本番がスタートしたので、いないだろうっていうところを探して、泥をすくって顔に塗ったのですが、タイミングが悪ければ、頬《ほほ》をヒルに吸われていたなと思うと、忘れられないシーンです。それとともに、五十嵐監督に少しは自分なりに成長したお芝居を見せられたという思いもあり、その意味でも印象的なシーンとなりました。

何度も観たくなる映画の魅力とは

蓑宮 美里さんにとって、人生を変えた映画、あるいは大好きな映画があれば教えてください。

田中 直近で印象に残っている映画としては、最近観直したアル・パチーノの『**セント・オブ・ウーマン**』（一九九二年）がやっぱりいいなと思います。もともと好きな映画ではあったんですが、ああ、またもう一回観たいなと思って観直したら、やっぱりいいなと思って

(笑)。なんといってもアル・パチーノの演技力がすばらしいです。軍隊を辞めてしまった盲目の役をやられているんですが、その目の見えないという演技がまったく見えていない感じがするのと、それがまたセクシーさにもつながっている。軍隊にいたという感じもにじみ出ているし、青年との交流もすばらしくて、ああいうお芝居ができるようになりたいなと思う作品の一つですね。

『セント・オブ・ウーマン』(マーティン・ブレスト監督、1992年)

蓑宮　なるほど。

田中　ウォン・カーウァイ監督の『花様年華《かようねんか》』（二〇〇〇年）も昔から好きな作品です。一九六〇年代の香港の街並みを再現しているのですが、ほんとうに画《え》が美しいです。ちょっと深いグリーンとか、朱色とか、壁の色合いとか、すべてがカラフルで、着ているものから何から、たぶん監督が計算し尽くしたものだろうなと思いました。涙の落ちる、その秒数までも計算しているんじゃないかなって思えるぐらいで、何回観ても新たな感動が得られる映画ですね。色も楽しめるし、やはり映画って大画面だから、こっち側に人物がいて、ここに物があってみたいな、半分しか見えていないとか、その構図がとにかくすばらしくて、それは魅入ってしまう作品で、毎回新鮮に観ています。

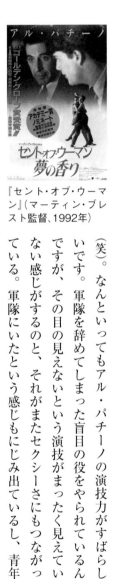

『花様年華』（ウォン・カーウァイ監督、2000年）

蓑宮　よくいろいろな映画を観ていますね。まとまった時間をつくるのは大変でしょうが。

田中　デビューしてから撮影で忙しくて、ちゃんと映画館に行って映画を観るということがなかなかできません。でも、たまに映画館に行くと、「あ、映画館で観るほうがやっぱりいいな」と思いますし、家で観て、「これ、映画館で味わいたかったなあ。残念だった」と思うときもあります。「やっぱり映画館だからこそ、この引きの画が際立つんだろうな」とか、「テレビではちょっと表現できないな」という撮影の仕方をしているのを観ると、「ああ、映画館で観ればよかった！　悔しい！」と後悔するときもありますね。

蓑宮　私も同感です。

田中　もう一つ、**『世界最速のインディアン』**（二〇〇五年）という映画も大好きです。蓑宮さんも絶対に観たら好きになるはずです。

蓑宮　それは早く観ないといけませんね。

田中　主演はアンソニー・ホプキンスで、インディアンというのはオートバイの名前です。オートバイの地上最速記録保持者の実話をもとにしているのですが、アンソニー・ホプキンス演じるおじいちゃんが、心筋症を患って、大会に出るのを諦めてしまうのです。一人暮らしのおじいちゃんは、いつもバイクの音をブンブン鳴らして、大きい音を立てているので、近所迷惑だし、変わり者扱いされているんです。ところが、隣に住んでいる男の子だけはおじいちゃんを「カッコいい」と思っている。夢をもっていることがカッコいいって。そこで、おじいちゃんは本気で大会に出ようと挑戦するわけです。

蓑宮　夢を追い続けるストーリーですか。

田中　はい。そこで出会う人たちもすごく魅力的で、ほんとうにユーモアに溢れていて、こういう人がいたら元気になるなあみたいな感じの、なんか頑張ろうって素直に思えるような映画で、これも何回も観返したくなる作品です。アンソニー・ホプキンスは怖い役柄が多いというイメージがあると思うんですが、ほんとうにチャーミングなんです。すごく優しそうなまなざしで。みんな、いい人しか出ていないんですけど、きっとその人に対して会話すると、みんないい人になっちゃうという、そこに変化が現れるのがわかるんです。みんなその人と対話することによって、自分のなかの、いちばんいいところが引き出されているんじゃないかと思って、私はこの作品がすごい好きです。その意味で、蓑宮さんとなにか重なるのです。いろいろな手法を駆使してまちおこしに尽力されている蓑宮さんと、この映画が重なる感じで（笑）。

『世界最速のインディアン』（ロジャー・ドナルドソン監督、2005年）

蓑宮　ありがとうございます。映画を観て勉強させてもらいます。ところで、映画監督にしても脚本家にしても、もちろん俳優にしても、「できればわれわれは映画館で観てもらいたいんだ」といいますね。

田中　はい、そうですね。

蓑宮　いまはテレビでもスマホでも、どこでも映画は観られるけれど、やはり映画は映画館で観てほしい。美里さんはどうお考えですか。

田中　先ほども申し上げたとおり、便利なツールができたからこそ、「なんでこれ映画館で観なかったんだ」という悔しさが残りますから、やはり映画館で観ることはすごくいいなと思います。ほんとうにマニアックな映画になると、こんなに遠い、豆粒みたいなところから歩いてくる人が映されているときがあるんですよ。テレビの画角では全然映らないぐらいの。でも、それって映画の画角だから成立していると思うんです。あえてそういう撮影をしている。そういうシーンを観ると、大画面で監督の思いとか撮影の思いをちゃんと受けたかったな、画面から感じ取りたかったなと思うときはあります。

蓑宮　映画館で観る魅力はサウンドにもあると思います。たとえば、『2001年宇宙の旅』（一九六八年）で流れるクラシック音楽です。ああ、クラシックがこんないいものとは思わなかったと感じた作品でした。

田中　音といえば、ジャズドラマーを描いた『**セッション**』（二〇一四年）とか、すばらしいミュージカル映画の『**ラ・ラ・ランド**』（二〇一六年）が好きですね。

蓑宮　ミュージカルなら『**サウンド・オブ・ミュージック**』（一九六五年）も外せませんね。映画館で聞くのと、スマホやＤＶＤで聞くのとでは、やはり迫力が違います。

田中　全然違うと思いますよ。ミュージカル系や音楽系の作品なら、映画館のダイナミックな音で聞きたいなと思いますね。

ミニシアターだからこそできること

蓑宮　最後に、『二宮金次郎』監督の五十嵐匠さん、主演の合田雅吏さんと一緒に「小田原まちなか映画館」の名誉館長を引き受けていただきました。名誉館長としてどんな映画館にしたいと思っていますか。また、どんな映画を上映してくれたらいいと思っていますか。

田中　そうですね、まずは『二宮金次郎』を上映していただいて（笑）。

蓑宮　もちろん、これは定番でずっとやります。

田中　新しい作品も魅力ですが、名作といわれる、前からある作品と、昔、二本立ての興行スタイルがあったじゃないですか。何か同じ要素のある作品の新旧二本立てとかをやってもらったら楽しいかなと思います。

蓑宮　春休みや夏休みに、小学四年生くらいを対象に無料でクラス単位で招待するイベントもやろうかなと思っています。十歳くらいの年ごろこそ映画に触れるのは大事な時期だと思っているからです。

田中　そうだと思います。幼稚園ぐらいだと忘れちゃうかもしれないけど、小学三〜四年生くらいから、しっかりと覚えていたり、映像も覚えていたりするので、映画館というあの独特な空間や空気感を小さいころに味わってほしいし、それを味わっているからこそ、大人になってからも、そこに触れたいと思って映画館に通うと思うのです。逆に、映画館という存在自体を知らなかったら、なくてもいいものみたいになってしまいます。

また、日本の場合、静かに観なければいけないような空気がありますが、声を出して大笑いしていいよという映画も上映してほしいです。

蓑宮　ミニシアターですから、貸し切りも可能にします。たとえば、七五三のイベントで、動画で撮った子どもの成長を映しながらお祝いの膳《ぜん》を食べる。そのあと、親子で楽しめる映画を鑑賞する。そういうのもありです。

田中　かなり自由がきくんですね。すばらしいですね。

蓑宮　上映が終われば映画館から追い出されますよね。これで終わりですって。でも、余韻《よいん》を楽しみたい人もいるはず。感想を言い合いたい人もいるでしょう。だから、上映が終わっても、居残りＯＫで、一杯やりながら、映画について「面白いね」「よかったね」というのはできるかなと思っています。できればスターバックスのような「サードプレイス」（家庭でも職場でもない過ごしやすい第三の場所）にしたいと思っています。

田中　そのお話を聞いて、『**ニュー・シネマ・パラダイス**』を思い出しました。初めて観たのは小学生ぐらいだったと思うんです。何が印象的だったかというと、スタンディングオベーションだったんです。映画館でスタンディングオベーションを見たことがなかった。それぐらい鳥肌が立った映画だったんですね。あのスタンディングオベーションはいまだに忘れられないです。それって映画館に行かないと味わえないことじゃないですか。まったく他人で知らない人同士なのに、みんなが感動を一体化しているというか、気持ちを共有しているのは、やはり映画館の魅力だと思います。

蓑宮　本日はプロの俳優さんからいいお話を聞かせていただきまして、まことに有意義な時間でした。映画館が始まりましたら、ぜひ遊びにきてください。いろいろなお知恵も拝借したいと思っています。

田中　はい、私も楽しみにしております。

（二〇二三年八月一日収録）

おわりに

「もらい泣き」が少なくなったのはなぜ?

「そういえば、みのさん、最近『もらい泣き』という言葉をあまり聞かなくなったような気がするんです」

ある知り合いが、ふとそんなことを呟きました。大した意味もなく彼は呟いたのかもしれませんが、私の心の琴線《きんせん》にその言葉が妙に引っかかったのです。

「もらい泣き」という言葉があります。文字通り、誰か他の人の涙をもらってしまうことです。たとえば、映画を観ています。ある悲しいシーンが映し出されたとき、映画館のあちらこちらからすすり泣く声が聞こえてきます。その誰かのすすり泣く声につられて、つい自分の目からも涙が出てきます。自分としては、涙を流すほどのシーンではありません。家で独りで観ていたら涙を流すことはない。誰かのすすり泣きを聞いたとき、心が揺れる。これが「もらい泣き」というものです。

どうして人は「もらい泣き」をしてしまうのでしょう。それはきっと、誰かの心と自分の心が一瞬リンクするからだと思います。わかりやすくいえば、心の絆が結ばれる瞬間がある。みんなの心が一つになったように、同じように涙が流れてくるのです。

「もらい泣き」が少なくなってきているとすれば、それはすなわち、人間関係が希薄になりつつあることだと思います。私たちはつながりのなかで生きています。家族とのつながり、職場でのつながり、地域社会でのつながり、そして友としてのつながり。さまざまなつながりのなかで私たちは生かされています。そして私たち日本人は、昔からそのつながりをとても大切にしてきました。人と人が織りなす「和の心」を大事にする。それが日本人のＤＮＡには組み込まれているのです。

残念ながら現代の日本社会では、そんなつながりが失われつつあるような気がするのです。「まちおこし」や「地域活性化」がやたらと叫ばれるのも、裏を返せば地域社会のつながりがなくなってきたからではないでしょうか。さらには職場での絆も薄れています。世代間の関係が薄れていくことに輪をかけて、コロナ禍によって職場内の人間関係も希薄になっていく一方です。学校では先生と生徒の間に溝ができ、会話は少なくなる一方です。日本人が大事にしてきた「心の絆」が薄れていく。何ともいえない焦燥感に襲われることがあります。

「もらい泣き」が少なくなってきたことと、映画館が減少してきたこと。それはどこかできっと通じている。直接的な関連はないけれど、きっとそこには関連がある。私にはそう思えて仕方がないのです。

たとえば、親子のつながり。いまは親子がまるで友だちのような関係になって、はたから見るととても楽しそうに見えます。もちろん楽しくなることはいいことでしょう。私が子どものころは、父親というのは怖い存在でした。父親と楽しく出かけたり、遊んだりした記憶はありません。それでも私は父の心を理解していたように思います。一緒に過ごす時間は短くても、その短い時間のなかに大切な会話や大きな背中がありました。父が私にかけてくれた言葉は、いまも自分の生きる指針となっています。

親と子の心をつなぐ手段はたくさんあるでしょう。一緒に買い物に出かけたり、一緒にテーマパークに行って楽しんだり、どれもが楽しい記憶として心に刻まれると思います。しかし、買い物や趣味だけでは、少しさみしい気がするのです。互いの心が通じ合うために必要なこと。それは何よりも会話であると私は考えています。そして一緒に映画を観ることで、たくさんの会話が生まれてきます。日常のなかでは為されないような会話が生まれてくるのです。

黒澤明監督の『**生きる**』をぜひ親子で観てください。そして作品を観た後で「私たちが生きている意味とは何なのか。生きる喜びとはどこにあるのだろうか」。そんなことを話し合ってみてください。その感想はまるで違ったものになるかもしれません。それでいいのです。そこに「答え」などはありません。「答え」のない問いかけを話し合うこと。その時間が心の絆を強くしてくれるのです。

あるいは『二十四の瞳』を観てください。温かく子どもたちを見守る大石先生のほんとうの心を、親子で解き明かしてみてください。戦場に散っていった同級生を想像して、涙を流してください。親と子で「もらい泣き」をしてみてください。きっとその時間が、その後の人生にすばらしい影響を与えてくれると私は考えています。

映画がきっかけで人生を切り拓いた人たち

幼いころに観た映画。青年期に観た映画。そのときの感動は一生忘れることはありません。そして心から感動した作品というのは、いつも自分の心に寄り添ってくれている。何かあったとき、ふと思い出す映画がある。私は『ラスト サムライ』という作品が大好きで、たびたび観たくなります。何度も観ていますから、ストーリーどころか、細かな台詞さえも覚えています。それでもなお、ときどき観たくなる。そんな、人生に寄り添ってくれる作品があることで、苦難を乗り越えられたりもするのです。そして、ときに映画はその人の人生を変えてしまうこともあります。

中嶋涼子さん（三十七歳）は、タレントなどの仕事をしながら映画の世界に身を置く女性です。どうして中嶋さんが映画の世界に入ったのか。とても活発な女の子だった中嶋さんは、あるとき学校の鉄棒からいつものようにジャンプをしました。するとその瞬間に、自分の足から力が抜けたのだといいます。

病院で詳しく検査をしたものの、原因を特定することはできませんでした。まったく足が動かなくなり、三カ月間の入院生活を余儀なくされます。そうして一年後に学校に戻るのですが、もう二度と自分の足で立つことはできなくなっていたのです。

中嶋さんは、自分が車椅子であることに強烈なコンプレックスを抱くようになります。もともとは元気な身体だったのですから、自分の身体の状態を受け入れることはできません。中嶋さんは家のなかに閉じこもるようになっていきました。

小学五年生のある日、友だちから映画に行こうと誘われました。作品は『タイタニック』（一九九七年）。当時はいまのようにバリアフリーがまだ進んでおらず、車椅子で映画館に行くことは簡単なことではなかったそうです。映画館のスタッフから「車椅子のお客さんは入場できません」といわれた経験もありました。それでも『タイタニック』を観たいという気持ちが勝ち、友だちと一緒に映画館に行きました。

「ほんとうに感動しました。いつか自分も映画の世界で仕事をしたいという夢が芽生えたのです」

一本の作品の力で、中嶋さんは外の世界へと踏み出す勇気がもらえたのです。そして高校を卒業すると、映画の勉強をするためにアメリカに留学することを決めました。もちろん両親や周りには反対されます。高校の先生にも「初めてのアメリカ留学だけでも大変なのに、加えて車椅子というハンディを抱えているのでは無理だよ」といわれたそうです。もちろん中嶋さんのことを心配するがゆえのアドバイスです。

周囲の反対を押し切って、中嶋さんはアメリカへと旅立ちました。そして見事にアメリカの大学で映画をしっかりと学び、日本に戻ってから念願の映画の世界で働くようになったのです。

何らかの障がいをもっている人はたくさんいるでしょう。難病を抱える人もたくさんいます。もちろん彼らの身体のケアをするのは医療ですが、医学だけでは心のケアはできません。気持ちを前に向かせることは、残念ながら科学だけでは限界があるのです。その限界を超えさせてくれるのが、芸術やスポーツだと私は思います。

映画だけでなく、音楽もしかり、文学もしかりです。たった一本の映画作品が、一人の女性の人生に光を与えた。その力に私は感動を覚えるのです。経済界にも映画で人生が変わったという人物がいます。

ゼネコン最大手である鹿島《かじま》建設の代表取締役会長を務める押味至一《おしみよしかず》さん。もともとは建築とは関係のない大学に通っていた押味さん。ところが大学生のときに、**『超高層のあけぼの』**（一九六九年）という映画と出合います。この映画は霞が関ビルの建設を描いたドキュメンタリーです。この作品を観た押味さんは、建築の世界に強い憧れを抱くようになります。自分が人生をかけてやるべき仕事はこれだと。

そこで押味さんは、それまで通っていた大学を退学して、東京工業大学の建築学科に入り直したのです。何とも大胆な行動力だと思います。それまでの大学を辞めたとしても、東工大に合格するかはわかりません。ヘタをすれば人生が脇道に逸れてしまうかもしれない。普通ならそう考えるでしょうが、押味さんの頭のなかには、『超高層のあけぼの』の感動的なシーンしか浮かばなかったのでしょう。

『超高層のあけぼの』（関川秀雄監督、1969年）

そうして押味さんは大学を卒業すると鹿島建設に入社しました。この鹿島建設こそが、映画のなかに登場する霞が関ビルを施工した会社なのです。押味さんは、やはり優秀な人だと思います。建設業界でなくても、どの業界でも活躍した人だと思います。それでも、押味至一さんという人間を建設の世界へと導いたのは、紛れもなく一つの映画作品だったのです。

愛知教育大学教育学部教授を務める戸田茂さんもまた、高校時代に観た『南極物語』（一九八三年）に感動して、南極という場所に関心を抱くようになります。そしてその延長線上にある固体地球物理学が戸田さんの専門となったのです。

みなさんご存じのタレントの石塚英彦さん。「まいうー」という言葉は聞いたことがあるでしょう。高校時代は柔道に打ち込んでいた石塚さんですが、「部活」漬けの生活を送るなかで、将来の進路については明確なものがありませんでした。そんなときに観たのが『ロッキー』（一九七六年）。シルベスター・スタローン主演の熱い映画です。映画館でこの作品を観た石塚さん。映画が終わったとき、映画館にいる人たちみんなが立ち上がってスクリーンに向かって拍手をしたのだといいます。

本物のボクシングの試合なら、観客が拍手をするのは当たり前でしょうが、映画館のなかでスクリーンに向かって割れんばかりの拍手をしている。石塚さんは胸が熱くなる思いがしました。そして自身の心に決めたのです。

「自分も、みんなに感動を与えるような仕事がしたい」と。このとき「タレント・石塚英彦」が生まれたのです。

最後に、『ドライブ・マイ・カー』(二〇二一年)等で大活躍中の西島秀俊さん。桐朋高校を卒業し、エンジニアを目指して難関の横浜国大に進みますが、すぐに映画俳優への進路変更を考え始めます。「映画をやりたくて俳優になりたい」からでした。学生時代はビートたけしの大ファンで、いまも寸暇《すんか》を惜しんで映画館へ一人で出かけているそうです。

ここで紹介した人たちのように、一本の映画によって、人生が変わった人もいます。そこまで大きく変わらないにしても、人生の方向を少しだけ変えてくれたという人もたくさんいるはずです。映画はときに人生を変えてくれたり、ときに人生の道標になってくれたりする。勇気と夢と元気を与えてくれる。誰もが「自分の人生にとっての大切な作品」をもっているものです。

そしてもう一つ付け加えたいことは、心からの感動を覚えた作品との出合いは、必ず映画館のなかにあるということです。もしも先に紹介した中嶋さんが、『タイタニック』をＤＶＤで観たとしたら、きっと彼女はアメリカへは行っていなかったでしょう。もしも石塚さんが、ビデオで『ロッキー』を観ていたら、観客たちの拍手は聞くことができなかった。映画館という空間で、みんなと一緒に同じ時間を共有したからこそ、感動が大きく育ったのだと私は思います。

「映画という大きな嘘に包まれた瞬間涙が出てしまうんです」と語るのは俳優の柄本佑《えもとたすく》さん。「ジョン・フォード監督の『駅馬車』。冒頭、荒野をたくさんの馬が駆け抜けて、音楽が流れる。開始一分でジョン・フォードの雄大さを感じてボロ泣きですね。ジョン・ウェイン演じるリンゴ・キッドが銃を回しながら登場するシーン。あのズームイン。カッコいいですもん。酒飲みのブーン医師も、カーリー保安官の芝居もたまらない。最初から最後まで無駄なシーンがなくてストンと楽しめる。スクリーンを見上げながら、僕はいま映画にやられちゃってんだなって感じる作品です」(『GINZA』特別編集二〇二二年七月二十六日発行、マガジンハウス)

俳優の門脇麦《むぎ》さんは「音楽を聴くために、景色を眺めるためにロマンに胸が熱くなって涙がこぼれる」と語っています。

「子どもの頃から家族で何度も観ている『サウンド・オブ・ミュージック』。音楽も映像も素晴らしくて、冒頭の山のシーンから主題歌が始まるところは何回観ても鳥肌が立っちゃう。ジユリー・アンドリュース演じる主人公のマリアが、カーテンを引きちぎって子どもたちの洋服を作って『ドレミの歌』を歌いながら自転車に乗るシーンは最高！　時代背景である戦争の歴史も描かれている。ハッピーなだけでなく、毎回考えさせられます。いい映画って何度観ても同じ場面でワクワクしたり、涙が出たりするから、いつも新鮮な気持ちで観られるんですよね」（『ＧＩＮＺＡ』特別編集二〇二二年七月二十六日発行、マガジンハウス）

ＤＶＤで観る映画はテレビで見る花火のようなもの

かつては多くの街中にあった映画館が、次々と閉館に追い込まれています。あるデータによると、コロナ禍の影響もあり、ここ十年で街中映画館の半分は消えていったといわれています。

映画館の数がどんどん減少していく。しかし、映画作品そのものが減少しているわけではありません。デジタル技術の発達により、撮影にかかる費用は激的に安くなりました。誰もが映画を撮ることができる。そんな環境のもとで、若者たちの手による映画製作も増えています。すなわち映画館は減少したけれど、映画文化そのものが衰退しているわけではないのです。

ではどうして映画館が消えていくのか。それは単純に、映画館に足を運ぶ人が減ったからです。わざわざ映画館まで行かなくても、観たいと思った作品はＤＶＤを借りてくればいい。映画館よりも値段は安いし、自分の部屋のなかで好きな時間に観ることができる。たしかにそれは楽ちんな鑑賞法ですし、別にＤＶＤが悪いということではありません。ただ私がいいたいのは、映画館で観る映画とＤＶＤで観る映画とは、まったく別のものだということです。

ＤＶＤで映画を観る。それは、テレビ画面で花火大会を見るようなものだと私は思います。全国各地で開催される大きな花火大会がテレビで放映されたりします。テレビの画質もすばらしくなりましたから、花火そのものの美しさは十分に味わうことができます。もしかしたら、生で見るよりもくっきりと鮮明に花火を楽しむこともできるでしょう。

しかし、テレビ画面で見る花火には、決定的に足りないものがあります。打ち上げられる花火を見に行く。打ち上げまでの時間には、連れ立った人との楽しい会話があります。どんどん人が集まってきて、ざわめきも大きくなってくる。夕方から浅い夜に変わるころには、頬を撫《な》でる風もさわやかになってきます。団扇《うちわ》であおぎながら、いまかいまかと広い空を眺めている。そうして打ち上げの時間になり、一発目の花火が上げられます。大空に咲く大輪の花火。少し遅れて聞こえる大きな音。多くの人たちが一斉に歓声を上げる。風の流れる方向によっては、ほんのりと火薬の匂いもしてきます。つまり、私たちは五感のすべてを使って花火を楽しんでいるのです。美しい花火の色、お腹に響く音、風が運んでくる花火の匂い、そして一緒に見ている人たちの歓声や息遣い。そういうものすべてが花火の味わいとなっていくのです。テレビ画面に映し出される花火には、絵以外のものがありません。それはまるで、動く絵画みたいなものです。河原で見る花火と、テレビ画面を通して見る花火。それは同じようであって、まるで別のものなのです。映画館で観る映画とＤＶＤで観る映画。それもまた別のものであることを知ってほしいのです。

映画館で観る感動は経験しなくてはわからないと思います。そしてその経験も、できるならば年少期にしたほうがいい。子どものころに感じた感動は大人になってからも色褪せることはないのです。

映画発祥の地であるフランスでは、映画を単なる娯楽として捉えるのではなく、芸術として捉えています。したがって、映画産業へのさまざまな支援や助成金が国からなされています。国が映画という文化を守っているのです。

小田原まちなか映画館で子どもたちの「共感力」を育みたい

フランスでは、政府による子どものための映画教育が盛んに行われています。フランスの映画行政を管轄する国立映画センターは、子どもたちの映画鑑賞力を育成すべく、学校教育に映画鑑賞のプログラムを組み込んでいるそうです。幼稚園と小学校が休みになる水曜日の午後には、いろいろな場所で子ども向けの映画が上映されています。毎年二月には、一歳半から四歳までの子どもを対象にした子ども映画祭が開催されています。幼いころから映画館で映画を観るという習慣をつけさせているのです。

「コミュ力」という言葉を最近ではよく聞きます。「コミュ力」とは「コミュニケーション能力」のこと。私が若いころには聞いたことがなかった言葉です。「コミュ力」とは、一言でいってしまえば「他人とうまくつきあっていく力」ということでしょう。

他人とうまくつきあっていく方法は、誰かから教わるものではなく、自分の経験のなかから自然に身につけていくものだと思います。そしてその能力は、幼いころにたくさんの友だちと遊んだりすることで、誰もが身につけていく。たしかに積極的な子どももいますし、引っ込み思案の子どももいるでしょう。多少の個性の違いはあったとしても、かつては誰もが人づきあいの力を自然に身につけていたような気がします。もしも現代において、この「コミュ力」が失われつつあるのだとしたら、どこにその原因があるのでしょうか。

コミュニケーションの力には、いろいろな要素があるでしょう。会話をする力であったり、豊かな表情ができる力であったり、あるいは空気を読む力であったりと、人づきあいにはさまざまな要素が求められるでしょう。そんな人づきあいのなかで、私がいちばん大切ではないかと思う力があります。それは「共感力」です。

相手の気持ちを頭で理解するだけでなく、同じ気持ちになれる力。自分の気持ちをわかってほしいとは誰もが思うことです。その自分の気持ちと同じ気持ちに相手がなってくれたとき、そこに絆が生まれます。互いに共感する。これこそが人間関係の核であると私は考えています。

そしてその共感力を育てていくために必要なことが、同じ場所で同じ経験をするということでしょう。そうです、まさに映画館でみんなと同じ作品を観ることで、誰かと共感することの喜びを知っていくのです。

かつての日本社会には、こうした共感する場がたくさんありました。職場のなかでは、みんなが心を一つにして仕事をしていました。地域社会を守るために、みんなが地域の行事に参加していました。そんな環境が失われつつあります。家族の関係さえも薄れているように感じます。単に環境や社会が変わったからではありません。きっと、私たちの共感力そのものが薄れているのです。

さまざまな苦労を乗り越えて、何とか完成した小田原まちなか映画館。この映画館で、私は子どもたちに映画を観てほしいと考えています。夏休みのある期間に、小学生たちを映画館に招待したいと思っています。どんな作品を上映したらよいのか楽しみです。

詳しいことはまだ決めておりませんが、必ずこの小田原まちなか映画館を子どもたちも集まれる場にしようと考えています。小学生たちと一緒に、私も同じ作品を同じ空間で観てみたい。子どもたちと気持ちを共感したい。そんなすばらしい時間が来ることを信じています。

映画には、それをつくったたくさんの人たちの思いが詰まっています。そして製作者たちは、その作品を映画館で観てもらうことを前提にしています。だからこそ、私たちも彼らの思いに応えるべく、映画館へと足を向けなくてはいけないのです。

本書を書き上げるにあたって、このたびも取材、調査、執筆の過程で、溝口久さん、古川達高さん、鈴木伸幸さん、小田原シネマ株式会社のメンバーをはじめ、多くの友人知人たちに多大なご指導とご協力をいただきました。この場をお借りして、心より感謝と御礼を申し上げます。

またエディター役として一冊目からご指南をいただいていますＰＨＰ研究所の安藤卓元常務、網中裕之さんのご協力なしに、本書をこの短期間で上梓《じょうし》できなかったことはいうまでもありません。みなさん、ほんとうにありがとうございました。

最後になりましたが、私の愛読書『キネマの神様』（原田マハ著、文春文庫）の解説に、俳優の片桐はいりさんが次のような一文を寄せています。この一文を紹介し、筆を擱《お》きたいと思います。

「暗闇の中にエンドロールが流れている。観るたびに思う。映画は旅なのだと。最後の一文が消え去ったとき、旅の余韻を損なわないように、劇場内の明かりはできるだけやわらかく、さりげなく点るのがいい」

二〇二三年九月

蓑宮武夫

天に召された父へ

渡邉あずさ

「映画館をつくる？」

こんなことを言い出したか、この父は。

七十歳を超えてからますますパワーアップしていった。

ホノルルマラソンを走ってピースしている写真を送りつけてきた。

エジプトのピラミッドに行ってきたと、エジプト文字で「あずさ」と大きく刺繡《ししゅう》されたTシャツをお土産にくれた。

「いま、パリでーす」と夜景をバックにシャンパングラス片手のご機嫌なLINE。

次は南極に行きたいって、語ってたんだよねー。

☆

二〇二三年十月五日、父が出張先のメキシコで倒れた、と母からの電話。工場のオープニングセレモニーで、講演をやり遂げた後のことだった。

熱中症との診断から容体が急変。大きな病院に移送。脳梗塞。緊急手術。成功。安心。脳浮腫《ふしゅ》。脳死に向かっている。危篤《きとく》。

三日前に、一緒にランチしたばかりなのに、もう、頭の中は大パニック。すぐメキシコに行かなくっちゃ。

六日、母と弟は緊急でパスポートを取得して、航空チケットを取って、メキシコへ出発（母もロングフライト頑張ったよ）。

八日、アメリカ・サンディエゴから国境を越えてメキシコ・ティファナへ。いつもの様子で穏やかな顔をして眠っていた。でも、意識はなく、脳死判定。人工呼吸器と心拍数を上げる薬の投与でかろうじて命をつないでいる状態。万が一、奇跡がおきて助かったとしても、右半身麻痺《まひ》、しゃべれない、目が見えない、食べられない、かもしれない。

それでも、母は、「どんな状態でもいいから一緒に帰りたい」って、なんどもなんども言っていた。
九日、祈り届かず、眠るように天に召された。

☆

帰国後、実家に戻ると、新刊（まさにこの本）の校正依頼が届いていた。
十一冊目の著書、遺作。かっこよすぎない？

「デートの口実」となるのが映画の魅力のひとつだって。なるほどね。

親子で黒澤明監督の『生きる』を観て、そのあとで「生きる意味」とか「生きる喜び」を語り合うって。そんなこととしたことあったかなー。
小学生のとき、なぜかふたりでドリフターズの映画を観に行ったことがあったね。大きな冷凍庫に閉じ込められて人間が凍ってしまう怖いシーンがいまでもトラウマだよ。

吉永小百合さんの引用文、これって、私が送ってあげたＮＨＫ特集だね。たまたま朝のニュースでこの特集をみたとき、「映画館をつくりたい」って、こういう思いなのかなーって、ピンときたんだ。

愛読書の『キネマの神様』は、私がクリスマスにプレゼントした本。映画オタクでギャンブル好きの親父がつぶれかけたまちの小さな映画館を救う物語。ハラハラドキドキのストーリー展開、でも最後はほっこりする。私も大好きな本だよ。

まるで、父と会話しているみたい。ほんとに逝《い》っちゃったんだ。寂しいじゃん。そういえば、私が思春期のころ、六年七カ月も口をきいてもらえなかったとぼやいてたね。数えてたんだ……、ちょっとキモイ。

来世では、一緒に映画をみて語り合おうよ。いっぱい、いっぱい、いっぱい。

☆

十二月に新刊（この本）の出版。一月に傘寿《さんじゅ》のお祝いを箱根宮ノ下富士屋ホテルでやるのをすごく楽しみにしていた。

二月に映画館オープン。

「映画館の次は映画村を小田原につくりたい。内緒だぞ」って。

まだまだたくさんやり残したことがあったと思うけど、最期までビジネスマン蓑宮武夫を貫いた。母は言ってたよ、「ジージ、あっぱれ！」。

二〇二三年十一月

苦楽を共にした母に看取られて幸せな人生だったね　ありがとう

最期まで祖父らしく

渡邉あっと

傍《はた》から見れば派手な人生だったかもしれないが、私から見れば祖父は普通に努力家でお酒とおしゃべりが好きなジージだった。

人の価値は一体どこにあるのか。死んだら権力も財力も功績も関係ない。もっとも、磨き上げてきた人格や社会に貢献してきた愛は一つの魂に刻まれ、宇宙に戻っていくのだろうか。

祖父の死は意外であった、というわけではない。いまさら言っても後出しじゃんけんでしかないのだが、八月に開催された小田原の花火大会のとき、果たして祖父はこんなにも小さかっただろうか、と感じたことを記憶している。

祖父はメキシコ出張中に最期を迎えた。母は「医療が発達している日本であれば助かったかもしれない」とこぼしていた。

だが私としては、直前までアクティブに熱を持って行動し続けたことがとても祖父らしいと思う。

〈著者略歴〉

蓑宮武夫（みのみや・たけお）

1944年生まれ。神奈川県小田原市出身。早稲田大学卒業。

ソニー入社後、初期のトランジスタの開発、製造を担当し、その後、ビデオ機器・パソコン機器の設計から半導体の開発まで幅広く手がける。その中には、パスポートサイズの『ハンディカム』、最後発で参入したパソコン『VAIO』などがある。生産技術研究所所長、レコーディングメディア＆エナジーカンパニープレジデントを歴任。1999年より執行役員常務としてコンポーネントや半導体事業を統括した後、2001年より執行役員上席常務として品質管理を統括するCo-CQO（チーフ・クオリティー・オフィサー）、設計・生産・カスタマーサービス・資材調達を一貫して提供するソニーイーエムシーエス㈱副社長を兼任し、ソニーのものづくりの根幹業務に貢献。

2005年、ソニー退社。2006年２月に㈲みのさんファームを設立し、代表取締役に就任。2008年、㈱TSUNAMIネットワークパートナーズ（現・ＴＮＰパートナーズ）会長に就任。2012年、ほうとくエネルギー㈱代表取締役社長に就任。ソニー時代の経験とネットワークを活かし、数多くの企業の成長をサポートしている。㈱タムラ製作所、トランスコスモス㈱、㈱パロマ、㈱メムス・コア、ユナイテッド不動産㈱他。ソニー龍馬会元会長。小田原藩龍馬会顧問。

2022年７月に小田原シネマ㈱を設立し、代表取締役社長に就任。2024年２月の「小田原まちなか映画館」オープンを目前に、2023年10月９日、メキシコ合衆国ティファナ出張中に体調を崩し急逝。

著書に『されど、愛しきソニー』『ビジネスマン龍馬』『出でよベンチャー！　平成の龍馬！』『友だち力』『人生、一生行動するがぜよ！』『出でよ、地方創生のフロントランナーたち！』『なぜあの人は輝いているのか』『令和の主役はあなたです！』『人生で大切なことはすべてソニーから学んだ』『まちおこしは総力戦で挑め！』（以上、ＰＨＰ研究所）がある。

JASRAC 出 2308169-301

いまこそ人生で大切なことは映画から学ぼう
小田原まちなか映画館の挑戦

2024年1月10日　第1版第1刷発行

著　　者　蓑宮武夫
発行者　村上雅基
発行所　株式会社ＰＨＰ研究所
京都本部　〒601-8411　京都市南区西九条北ノ内町11
教育ソリューション企画部　☎075-681-5040（編集）
東京本部　〒135-8137　江東区豊洲5-6-52
普及部　☎03-3520-9630（販売）
PHP INTERFACE　https://www.php.co.jp/

制作協力
組　　版　株式会社PHPエディターズ・グループ
印刷所
製本所　図書印刷株式会社

ISBN978-4-569-85629-2

PHPの本

されど、愛しきソニー
元役員が本気で書いた「劇的復活のシナリオ」

蓑宮武夫

ソニーのものづくりの根幹に携わった元役員が、ソニー停滞の原因を明らかにしつつ、再び栄光を取り戻すためのシナリオを示す！

電子書籍にて発売中

ビジネスマン龍馬
大きな仕事ができる男とは？

蓑宮武夫

わずか33年の生涯で成し遂げた歴史的偉業を、ソニー龍馬会元会長の著者が、ビジネスマンとして学ぶべき視点から描いた新・龍馬論。

電子書籍にて発売中

出でよベンチャー！ 平成の龍馬！
若者は突き出ろ、シニアは知恵を出し切れ

蓑宮武夫

第二のソニー、ホンダは現れるのか？ 独創的な知恵や技術で台頭する平成のベンチャー企業を紹介！ 日本経済復活への道筋を示す。

電子書籍にて発売中

PHPの本

なぜあの人は輝いているのか
脳が教えてくれる生き方のヒント

蓑宮武夫

ほんとうの「働き方改革」「女性活躍」とは何か？　地域に根差して教育に社会活動に文化に貢献する人たちの生きざまを紹介！

定価　本体1,500円（税別）

令和の主役はあなたです！
新しい時代の生き方・働き方

蓑宮武夫

ＡＩ、５Ｇ、ダイバーシティ、ＳＤＧｓ、人生百年時代の到来……社会が大きく変わるなかで、自分らしく生きるためのヒントが満載。

定価　本体1,500円（税別）

人生で大切なことはすべてソニーから学んだ
Back to the basics yet again.

蓑宮武夫

井深大、盛田昭夫、大賀典雄……ソニーを築いた歴代社長から直接薫陶を受けた著者が語る、ソニーのＤＮＡとは何か？

定価　本体1,500円（税別）

まちおこしは総力戦で挑め！

小田原発「地域創生のカギはＳＤＧｓにあり」

蓑宮武夫　著

神奈川県随一の歴史と文化をもち、自然環境も豊かな小田原市に人が集まっている。全国にもアフターコロナで元気になっているまちはたくさんある。その秘密を明らかにする。

定価　本体一、五〇〇円（税別）